전면개정 제37회 공인중개사 시험대비 동영상강의 www.pmg.co.kr

양진영
필수서

2차 | 부동산공시법령

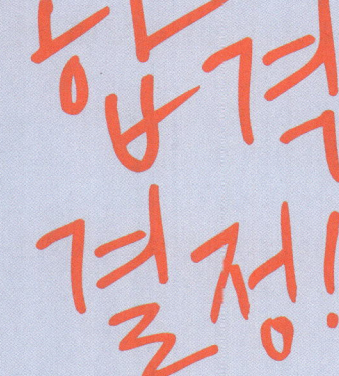

합격
결정!

박문각 공인중개사

박문각

이 책의 머리말

공인중개사 시험이 제37회로 접어들었습니다. 해마다 시험을 위해 준비해야 할 양이 늘어나고 깊이도 깊어지고 있습니다. 법률용어가 눈에 들어오고 문장이 이해되면서 필요한 부분을 암기하다보면 어느덧 시험날짜가 코앞에 다가오게 됩니다. 시작할 땐 시간이 많아 보이지만 하다보면 자꾸 시간의 부족함을 느끼게 됩니다.

모든 걸 완벽하게 준비할 수는 없습니다. 합격하기 위한 적절한 분량을 조절하여 중요한 것부터 반복학습하여 '내 것'으로 만드는 공부를 하여야 합니다.

공인중개사의 자격취득을 위한 과목은 대부분 법률이므로 초기의 학습이 쉽지 않습니다만, 자격증의 취득을 위한 합격점은 과목낙제를 면하면서 평균 60점 이상이면 되므로 어느 정도의 바탕이 이루어지면 의외로 합격이 어렵지 않은 특징을 가지고 있습니다. 전 과목에서 골고루 60점 이상을 취득하기 위한 공부를 하는 것이 아니라 쉽게 득점이 가능한 과목은 고득점을 노리고, 어렵고 양이 많은 과목은 50점 정도의 득점을 노리면서 평균 60점을 내는 작전으로 과목에 따라 공부의 범위와 깊이를 조절하는 지혜를 가지면 자격증은 눈 앞에 와 있을 것입니다.

'양'을 욕심내지 마시고, '수업시간에 중요하다고 강조된 것'만 소화하여도 충분히 합격하므로 중요한 부분을 반복학습하여 내 것으로 만들면 합격의 충만함은 여러분의 것이 될 것입니다.

「공간정보의 구축 및 관리 등에 관한 법률」은 응용이 거의 없이 절차적인 부분이 그대로 출제되므로 반복하여 단순암기를 하면 어려움 없이 득점할 수 있는 효자과목입니다.

「부동산등기법」은 민법상 법률행위나 법률규정을 바탕으로 하여 부동산의 권리변동을 다루므로 민법의 지식을 기본으로 하는 절차법입니다. 「공간정보의 구축 및 관리 등에 관한 법률」에 비하여 난이도가 높아 이해가 수월하지는 않은 과목이지만, 기출문제 분석을 통하여 자주 나오는 부분을 중점적으로 공부하면 의외로 득점이 어렵지 않은 과목이기도 합니다.

그러므로 「부동산등기법」은 전체적으로 이해하고 암기하기 위하여 접근하는 과목이 아니라, 버릴 건 버리고 취할 건 취하는 '접근방법'에 의해 난이도가 결정되는 과목이라 하겠습니다.

본 교재는 다음과 같은 특징을 가지고 집필되었습니다.

01 ┃ 필수내용을 이해하기 위한 최소한의 배경설명을 생략하지 않았으므로 공부하는 데 무리가 없도록 하였습니다.

02 ┃ 최근에 자주 출제되는 부분을 알 수 있도록 직전 기출문제를 소개하여 스스로 확인학습을 할 수 있도록 하였습니다.

03 ┃ 출제가 거의 이루어지지 않고 전체의 이해와 관계없는 부분은 삭제하여 분량을 적절히 조절하였습니다.

04 ┃ 개정부분은 항상 중요한 출제예상부분이므로 근래 개정된 부분까지 반영하였습니다.

본 교재로 공부하는 모든 분의 합격을 기원하며, 출간에 도움을 주신 박문각 출판 편집부에 감사를 드립니다.

편저자 양진영

CONTENTS

이 책의 **차례**

PART 01

공간정보의
구축 및 관리 등에
관한 법률

PART
02

부동산등기법

부록

박문각 공인중개사

공간정보의
구축 및 관리 등에
관한 법률

Chapter 01

공간정보의 구축 및 관리 등에 관한 법률

01 지적제도

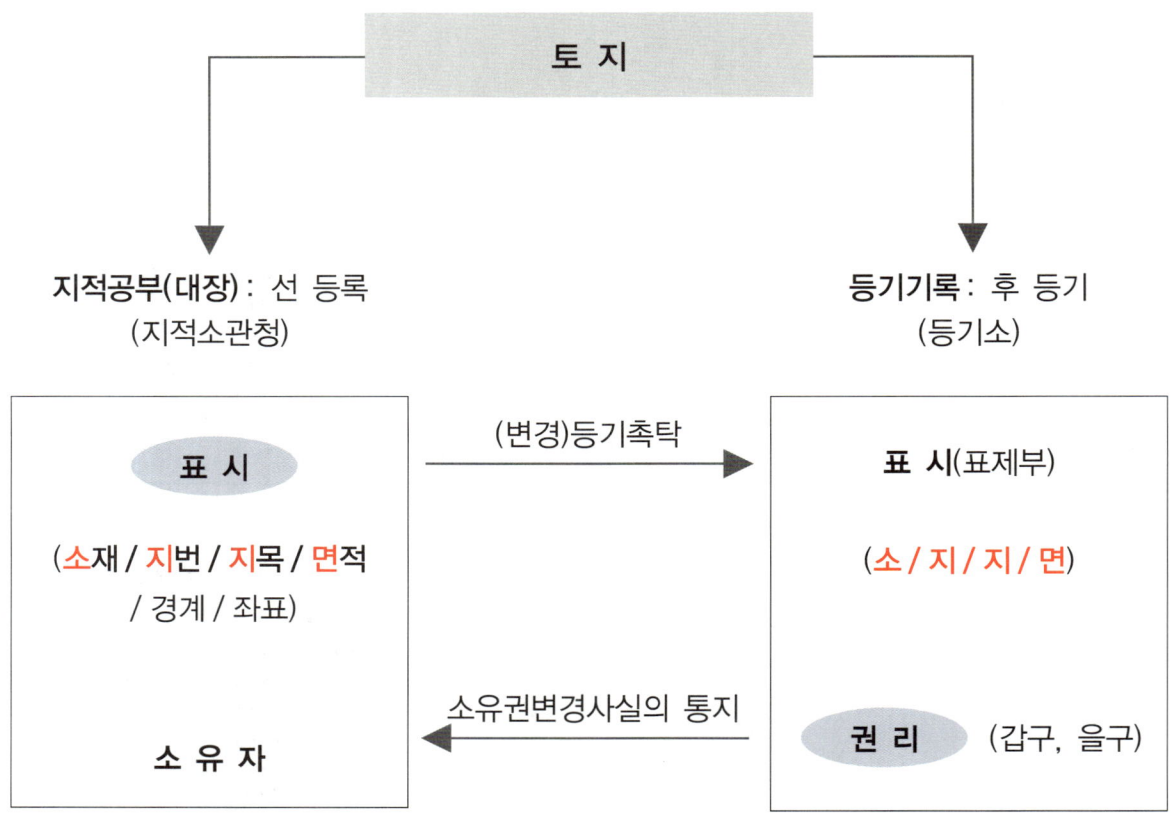

토 지

지적공부(대장) : 선 등록
(지적소관청)

등기기록 : 후 등기
(등기소)

표 시

(**소**재 / **지번** / **지목** / **면적**
/ 경계 / 좌표)

(변경)등기촉탁 →

표 시(표제부)

(**소** / **지** / **지** / **면**)

소유권변경사실의 통지 ←

권 리 (갑구, 을구)

소 유 자

토지의 표시 ⇨ 대장이 우선(대장에 의해 판단)
권리(소유자) ⇨ 등기부가 우선(등기부에 의해 판단)

(1) **지적의 의의**: 대한민국의 모든 토지에 대하여 토지의 표시(= 사실관계: 소재, 지번, 지목, 면적, 경계, 좌표)와 권리관계(소유권)을 기록하고 공시하는 제도. 국가의 사무이다.

(2) **최대**만조위 이상의 드러난 토지만 등록되므로, 갯벌은 등록대상이 아니다.

(3) **지적제도**

지적국정주의	토지의 표시에 관한 주요내용은 국가가 결정한다는 원칙
지적형식주의 (지적등록주의)	토지의 표시에 관한 사항은 지적공부에 등록되어야 법적 효력이 인정된다는 원칙
지적공개주의	토지의 표시에 관한 사항은 누구에게나 공개되어야 한다는 원칙
실질적 심사주의	토지의 표시에 관한 사항은 실질적으로 심사하여 지적공부에 등록한다는 원칙 ※ **실질적 심사방법** ① 측량을 하는 경우 ⇨ 측량검사 ② 측량을 하지 않는 경우 ⇨ 토지이동조사
직권등록주의	전 국토를 강제적으로 지적공부에 등록하여야 한다는 원칙

(4) **지적과 등기의 비교**

구 분	지적제도	부동산등기제도
기 능	토지의 표시 공시	토지 및 건물의 권리관계 공시
기본이념	① 직권등록주의 ② 실질적 심사주의 ③ 지적공개주의 ④ 지적형식주의 ⑤ 지적국정주의	① 당사자 신청주의 ② 형식적 심사주의 ③ 공개주의 ④ 형식(성립요건)주의
공부의 편제방법	물적편성주의, 동·리 지번순	물적편성주의, 동·리 지번순
등록방법	직권등록주의: 전 토지 등록 단독신청주의	당사자 신청주의: 일부 미등기 공동신청주의

⑸ **용어의 정의**

지적소관청	지적공부를 관리하는 특별자치시장, 시장 (행정시의 시장을 포함하며, 자치구가 아닌 구를 두는 시의 시장은 제외한다)·군수 또는 구청장(자치구가 아닌 구의 구청장을 포함)을 말한다.
지번부여지역	지번을 부여하는 단위지역으로서 (법정)동·리 또는 이에 준하는 지역
토지의 이동	토지의 표시를 새로 정하거나 변경 또는 말소하는 것
지적확정측량	도시개발사업 등 각종의 토지개발사업이 끝나 토지의 표시를 새로 정하기 위하여 실시하는 지적측량
지적현황측량	지상건축물 등의 현황을 지적도 및 임야도에 등록된 경계와 대비하여 표시하는 데에 필요한 지적측량
지적재조사측량	「지적재조사에 관한 특별법」에 따른 지적재조사사업에 따라 토지의 표시를 새로 정하기 위하여 실시하는 지적측량
연속지적도	지적측량을 하지 아니하고 전산화된 지적도 및 임야도 파일을 이용하여, 도면상 경계점들을 연결하여 작성한 도면으로서 측량에 활용할 수 없는 도면

02 **토지의 등록**

제64조 【토지의 조사·등록 등】 ① **국토교통부장**관은 모든 토지에 대하여 필지별로 소재·지번·지목·면적·경계 또는 좌표 등을 조사·측량하여 지적공부에 등록하여야 한다.
② 지적공부에 등록하는 지번·지목·면적·경계 또는 좌표는 토지의 이동이 있을 때 토지소유자의 신청을 받아 **지적소관청**이 결정한다. 다만, 신청이 없으면 **지적소관청이 직권으로** 조사·측량하여 결정할 수 있다.

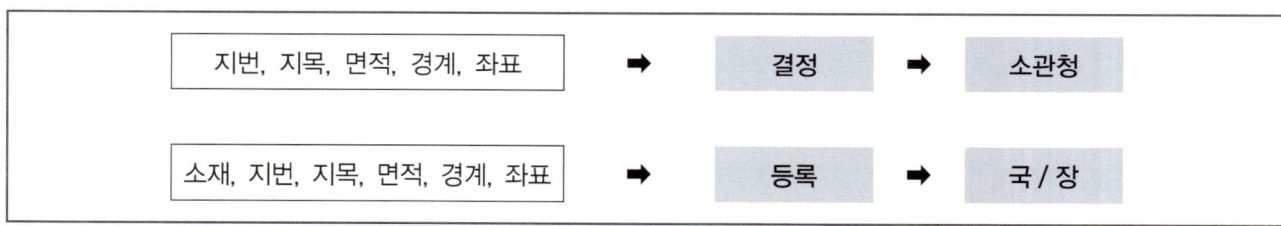

1. 직권등록절차

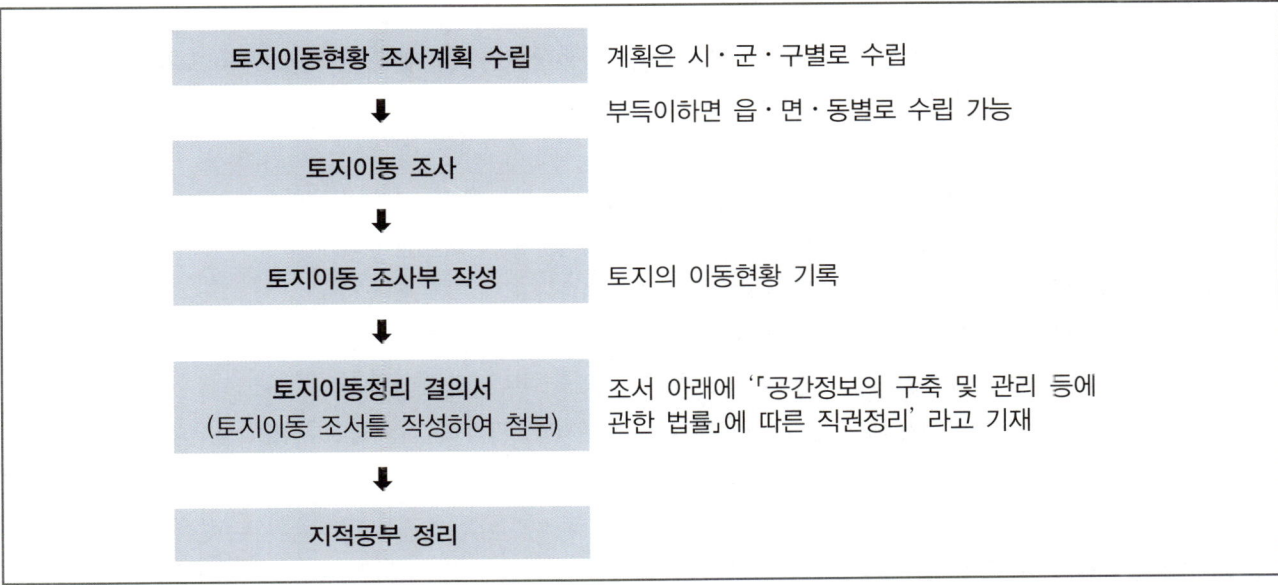

토지이동현황 조사계획 수립 — 계획은 시·군·구별로 수립

부득이하면 읍·면·동별로 수립 가능

토지이동 조사

토지이동 조사부 작성 — 토지의 이동현황 기록

토지이동정리 결의서 (토지이동 조서를 작성하여 첨부) — 조서 아래에 '「공간정보의 구축 및 관리 등에 관한 법률」에 따른 직권정리'라고 기재

지적공부 정리

2. 1필지의 성립요건

연 속	필지가 <u>연</u>접되어 있을 것
동 일	<u>지</u>목(용도)이 같을 것 <u>지</u>번부여지역이 같을 것 <u>소</u>유자가 같을 것 <u>축</u>척이 같을 것: 축척이 같은 도면에 등록되어 있을 것 <u>등</u>기 여부가 같을 것: 모두 등기되어 있거나, 모두 등기되어 있지 않을 것

확인문제

1. 공간정보의 구축 및 관리 등에 관한 법령상 토지의 이동이 있을 때 토지소유자의 신청이 없어 지적소관청이 토지의 이동현황을 직권으로 조사·측량하여 토지의 지번·지목·면적·경계 또는 좌표를 결정하기 위해 수립하는 계획은? 　　제32회

① 토지이동현황 조사계획　　② 토지조사계획　　③ 토지등록계획

④ 토지조사·측량계획　　⑤ 토지조사·등록계획

해설 ① 지적소관청이 토지의 이동현황을 직권으로 조사·측량하여 토지표시를 결정하려는 때에는 '토지이동현황 조사계획'을 수립하여야 한다.　　▶정답 ①

2. 공간정보의 구축 및 관리 등에 관한 법령상 토지의 조사 · 등록 등에 관한 내용이다. ( )에 들어갈 사항으로 옳은 것은? 제23회

(㉠)은(는) (㉡)에 대하여 필지별로 소재 · 지번 · 지목 · 면적 · 경계 또는 좌표 등을 조사 · 측량하여 지적공부에 등록하여야 한다. 지적공부에 등록하는 지번 · 지목 · 면적 · 경계 또는 좌표는 (㉢)이 있을 때 토지소유자의 신청을 받아 (㉣)이 결정한다.

① ㉠ : 지적소관청, ㉡ : 모든 토지, ㉢ : 토지의 이용, ㉣ : 국토교통부장관
② ㉠ : 지적측량수행자, ㉡ : 관리 토지, ㉢ : 토지의 이동, ㉣ : 국토교통부장관
③ ㉠ : 지적측량수행자, ㉡ : 모든 토지, ㉢ : 토지의 이동, ㉣ : 지적소관청
④ ㉠ : 국토교통부장관, ㉡ : 관리 토지, ㉢ : 토지의 이용, ㉣ : 지적소관청
⑤ ㉠ : 국토교통부장관, ㉡ : 모든 토지, ㉢ : 토지의 이동, ㉣ : 지적소관청

<mark>해설</mark> ⑤ 대한민국의 모든 토지가 등록대상이다. 토지의 표시는 '지적소관청'이 '결정'하고, '국토교통부장관'이 '등록'한다.

▶정답 ⑤

3. 공간정보의 구축 및 관리 등에 관한 법령상 토지의 조사 · 등록에 관한 설명이다. ( )에 들어갈 내용으로 옳은 것은? 제33회

지적소관청은 토지의 이동현황을 직권으로 조사 · 측량하여 토지의 지번 · 지목 · 면적 · 경계 또는 좌표를 결정하려는 때에는 토지이동현황 조사계획을 수립하여야 한다. 이 경우 토지이동현황 조사계획은 (㉠)별로 수립하되, 부득이한 사유가 있는 때에는 (㉡)별로 수립할 수 있다.

① ㉠: 시 · 군 · 구   ㉡: 읍 · 면 · 동   ② ㉠: 시 · 군 · 구   ㉡: 시 · 도
③ ㉠: 읍 · 면 · 동   ㉡: 시 · 군 · 구   ④ ㉠: 읍 · 면 · 동   ㉡: 시 · 도
⑤ ㉠: 시 · 도   ㉡: 시 · 군 · 구

<mark>해설</mark> ① 토지이동현황 조사계획은 '시 · 군 · 구'별로 수립하되, 부득이한 사유가 있는 때에는 '읍 · 면 · 동'별로 수립할 수 있다.

▶정답 ①

03 토지의 등록사항

1. 지 번

부 여	지적소관청이 지번부여지역별(＝ 동·리별)로 북서에서 남동으로 차례대로 부여
표 기	지번은 아라비아 숫자로 표기하되, 임야대장 및 임야도에 등록하는 토지의 경우 숫자 앞에 '산'자를 붙인다.
구 성	① 본번과 부번으로 구성하되, 본번과 부번은 '─' 표시로 연결하고, '─' 표시는 '의'라고 읽는다. ② 본번만을 표기하는 단식지번과 본번과 부번으로 구성된 복식지번이 있다.
참 고	① 부번만으로 된 지번은 없다. ② 지목이 '임야'라 해서 숫자 앞에 '산'이 붙는 것은 아니다.

(1) 신규등록 및 등록전환의 경우 지번 부여

원 칙	인접토지의 본번에 부번을 붙여서 지번을 부여한다. : 인접지 본/부
예 외	다음의 경우에는 해당 지번부여지역에 있는 최종 본번의 다음 순번부터 본번으로 하여 순차적으로 지번을 부여할 수 있다. : 여/인/멀리 + 최종 본/본 ① 여러 필지로 되어 있는 경우 ② 최종 지번의 토지에 인접되어 있는 경우 ③ 이미 등록된 토지와 멀리 떨어져 있는 경우

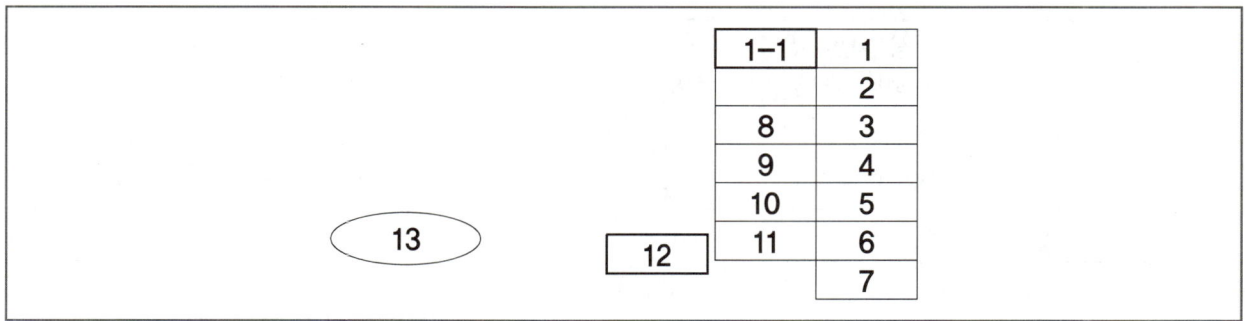

(2) 분할의 경우 지번부여

원 칙	① 1필지의 지번 ⇨ 분할 전의 지번 부여 ② 나머지 필지의 지번 ⇨ 본번의 **최종 부번**의 다음 **부번**을 부여 : **최종 부/부**

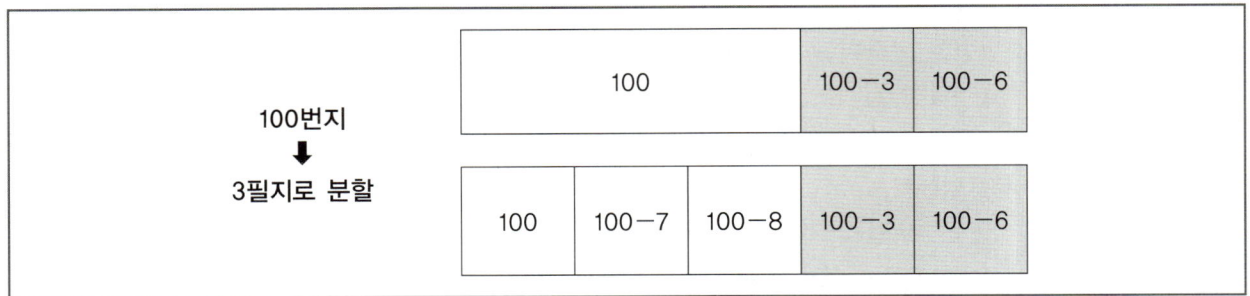

예 외	분할되는 필지에 주거·사무실 등의 건축물이 있는 경우 ⇨ 분할 전의 지번을 그 필지에 우선하여 부여하여야 한다(신청에 관계없이 **당연부여**) : **분/당, 병/신**

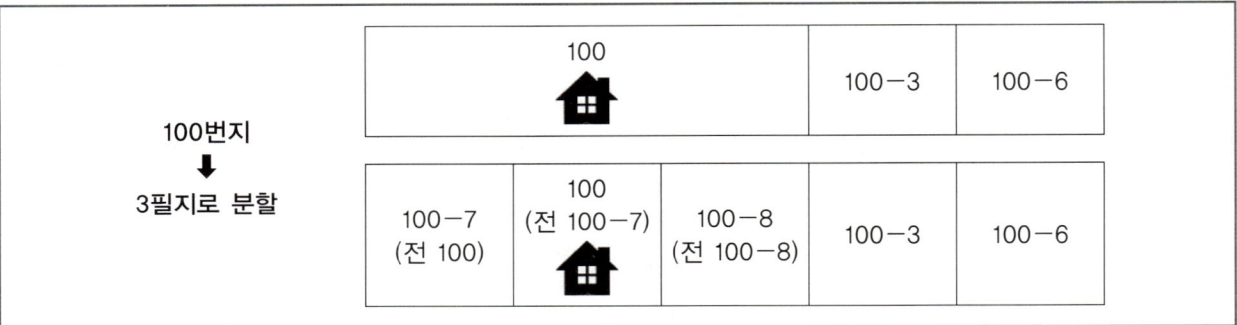

(3) 합병에 따른 지번 부여

원 칙	합병 대상 지번 중 **선순위**의 **지번**으로 하되, 합병 전 지번 중 본번으로 된 지번이 있는 때에는 **본번 중 선순위** **지번**을 합병 후의 지번으로 한다 : (본번 중) 선순위
예 외	합병 전의 필지에 주거·사무실 등의 건축물이 있어서 그 건축물이 위치한 지번을 합병 후의 지번으로 '토지소유자가 신청하는 때'에는 그 지번을 합병 후의 지번으로 부여하여야 한다.

합병 후 지번 : 102 101-3(건물있는 지번으로 신청시)			
100-1	101-3	102	103

⑷ **지적확정측량 실시지역의 지번 부여**

원 칙	종전의 지번 중 본번만으로 된 지번으로 부여하나, 다음의 지번은 제외한다. ① 지적확정측량을 실시한 지역 안의 종전의 지번과 그 지역 밖에 있는 본번이 같은 지번 ⇨ 제외 ② 지적확정측량을 실시한 지역의 경계에 걸쳐 있는 지번 ⇨ 제외
예 외	종전 지번의 수가 새로이 부여할 지번의 수보다 적은 때 ① 블록 단위로 하나의 본번을 부여한 후 필지별로 부번을 부여하거나 ⇨ 단지식 ② 그 지번부여지역의 최종 본번의 다음 순번부터 본번으로 하여 차례로 지번을 부여 ⇨ 자유부번제도
준 용 **(지/행/축/도)**	① 지번부여지역 안의 전부/일부에 대하여 지번을 변경하는 경우 ② 행정구역 개편에 따라 새로이 지번을 부여하는 경우 ③ 축척변경 시행지역 안의 필지에 지번을 부여하는 경우 ④ 도시개발사업 등이 **준공되기 전**에 사업시행자가 지번부여신청을 하는 때에는 '**사업계획도**'에 따르되 지적확정측량 시행지역의 지번부여방법에 따른다.

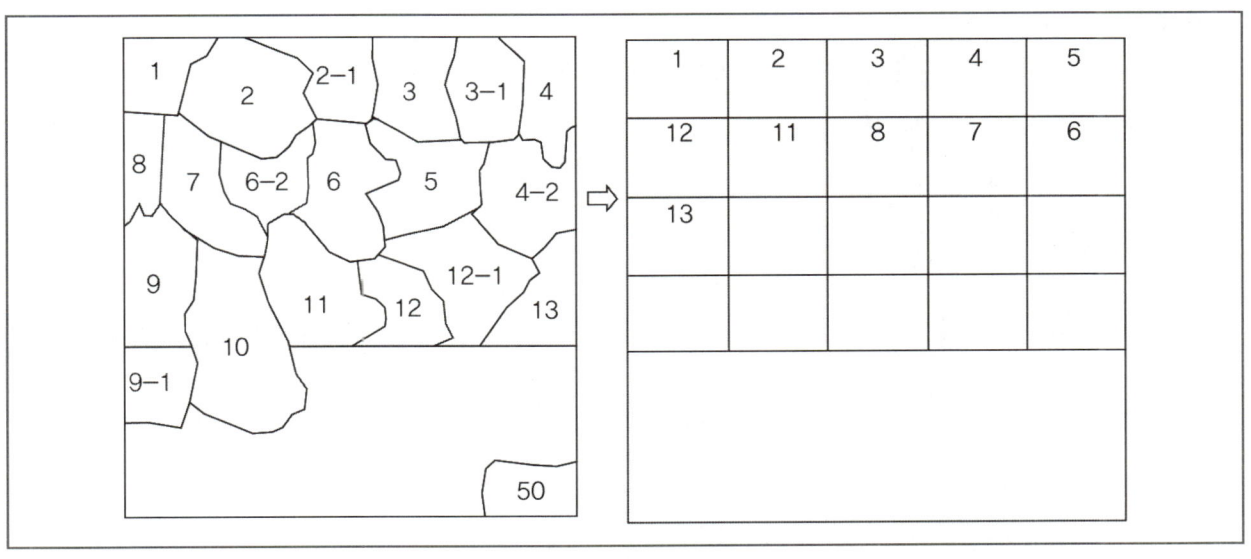

확인문제 •

공간정보의 구축 및 관리 등에 관한 법령상 등록전환에 따른 지번부여 시 그 지번부여지역의 최종 본번의 다음 순번부터 본번으로 하여 순차적으로 지번을 부여할 수 있는 경우에 해당하는 것을 모두 고른 것은?

제35회

> ㉠ 대상토지가 여러 필지로 되어 있는 경우
> ㉡ 대상토지가 그 지번부여지역의 최종 지번의 토지에 인접하여 있는 경우
> ㉢ 대상토지가 이미 등록된 토지와 멀리 떨어져 있어서 등록된 토지의 본번에 부번을 부여하는 것이 불합리한 경우

① ㉠ ② ㉠, ㉡ ③ ㉠, ㉢
④ ㉡, ㉢ ⑤ ㉠, ㉡, ㉢

해설 ⑤ 신규등록과 등록전환은 지번부여방법이 동일하므로, 원칙적으로는 인접한 토지의 본번에 부번을 부여한다. (인접지 본/부)
다만, 여/인/멀리의 경우에는 그 지번부여지역의 최종 본번의 다음 순번부터 본번으로 하여 순차적으로 지번을 부여할 수 있다. ▶정답 ⑤

(5) 지번의 변경

① 지적소관청은 <u>시·도지사나 대도시 시장의 승인</u>을 받아 지번부여지역의 전부나 일부에 대하여 지번을 새로 부여할 수 있다.

② 지적확정측량을 실시한 지역의 지번부여방법을 준용

③ 지번변경 절차

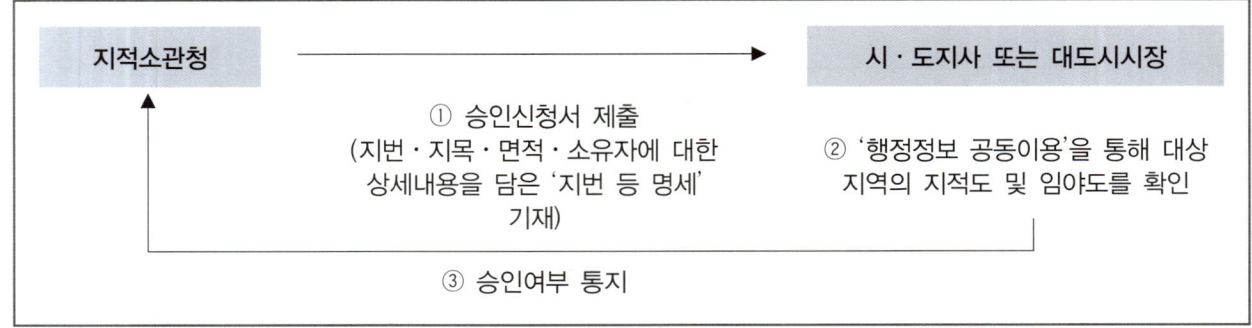

(6) 결번은 결번대장에 등록하고, 결번대장은 영구보존된다(지적공부는 아님).

1. 공간정보의 구축 및 관리 등에 관한 법령상 지번의 구성 및 부여방법 등에 관한 설명으로 틀린 것은?
제29회

① 지번은 아라비아숫자로 표기하되, 임야대장 및 임야도에 등록하는 토지의 지번은 숫자 앞에 "산"자를 붙인다.

② 지번은 북서에서 남동으로 순차적으로 부여한다.

③ 지번은 본번과 부번으로 구성하되, 본번과 부번 사이에 "-"표시로 연결한다.

④ 지번은 국토교통부장관이 시·군·구별로 차례대로 부여한다.

⑤ 분할의 경우에는 분할 후의 필지 중 1필지의 지번은 분할 전의 지번으로 하고, 나머지 필지의 지번은 본번의 최종 부번 다음 순번으로 부번을 부여한다.

해설 ④ 지번은 지적소관청이 지번부여지역별로 차례대로 부여한다. ▶**정답** ④

2. 공간정보의 구축 및 관리 등에 관한 법령상 지번부여에 관한 설명이다. (   ) 안에 들어갈 내용으로 옳은 것은?
제27회

> 지적소관청은 도시개발사업 등이 준공되기 전에 사업시행자가 지번부여 신청을 하면 지번을 부여할 수 있으며, 도시개발사업 등이 준공되기 전에 지번을 부여하는 때에는 (   )에 따르되, 지적확정측량을 실시한 지역의 지번부여 방법에 따라 지번을 부여하여야 한다.

① 사업계획도   ② 사업인가서   ③ 지적도
④ 토지대장   ⑤ 토지분할조서

해설 ① 지적확정측량 실시지역의 지번부여방법을 준용하는 경우에 대해 묻는 문제로 규칙 제61조의 내용이다.
▶**정답** ①

2. 지 목

(1) 토지의 주된 용도에 따라 지적공부에 등록한 것

(2) 현재 28개의 지목(초기에는 18개)

(3) ① 1필지 1지목 원칙: 필지마다 하나의 지목을 설정할 것

② 주지목 추종의 원칙: 1필지가 둘 이상의 용도로 활용되는 경우에는 주된 용도에 따라 지목을 설정할 것

③ 영속성의 원칙(= 일시변경 불변의 원칙): 토지가 일시적 또는 임시적인 용도로 사용될 때에는 지목을 변경하지 아니한다.

(4) 지목의 표기

· 토지대장 · 임야대장	정식명칭과 코드번호를 기록		
· 지적도 · 임야도	부호로 표기	원 칙	두(頭)문자 ➡ 24개 지목
		예 외	차(次)문자 ➡ 공장용지, 주차장, 하천, 유원지

(5) 지목의 구분

1 전	물을 상시적으로 이용하지 않고 곡물·원예작물(과수류 제외)·약초·뽕나무·닥나무·묘목·관상수 등의 식물을 주로 재배하는 토지와 식용을 목적으로 죽순을 재배하는 토지
2 답	물을 상시적으로 직접 이용하여 벼·연·미나리·왕골 등의 식물을 주로 재배하는 토지 ① 연·왕골 재배지 ➡ 답 ② 연·왕골 자생지 ➡ 유지
3 과수원	사과·배·밤·호두·귤나무 등 과수류를 집단적으로 재배하는 토지와 이에 접속된 저장고 등 부속시설물의 부지 다만, 주거용 건축물의 부지는 "대"로 한다.
4 목장용지	다음의 토지. 다만, 주거용 건축물의 부지는 "대"로 한다. ① 축산업 및 낙농업을 하기 위하여 초지를 조성한 토지 ②「축산법」제2조 제1호에 따른 가축을 사육하는 축사 등의 부지 ③ ① 및 ②의 토지와 접속된 부속시설물의 부지
5 임야	산림 및 원야를 이루고 있는 수림지·죽림지·암석지·습지·황무지·자갈땅·모래땅 등
6 광천지	지하에서 온수·약수·석유류 등이 용출되는 용출구와 그 유지에 사용되는 부지 다만, 온수·약수·석유류 등을 일정한 장소로 운송하는 송수관·송유관 및 저장시설의 부지는 제외한다.
7 염전	바닷물을 끌어들여 소금을 채취하기 위하여 조성된 토지와 이에 접속된 제염장 등 부속시설물의 부지 다만, 천일제염 방식으로 하지 아니하고 동력으로 바닷물을 끌어들여 소금을 제조하는 공장시설물의 부지는 제외한다.
8 대	① 영구적 건축물 중 주거·점포·사무실과 극장·미술관· 박물관등 문화시설과 이에 접속된 정원 및 부속시설물의 부지 ②「국토의 계획 및 이용에 관한 법률」등 관계 법령에 따른 택지조성공사가 준공된 토지

9 공장용지	① 제조업을 하고 있는 공장시설물의 부지 ② 「산업집적활성화 및 공장설립에 관한 법률」 등 관계 법령에 따른 공장부지 조성공사가 준공된 토지 ③ ① 및 ②의 토지와 같은 구역에 있는 의료시설 등 부속시설물의 부지
10 학교용지	학교의 교사(校舍)와 이에 접속된 체육장 등 부속시설물의 부지
11 주차장	자동차 등의 주차에 필요한 독립적인 시설을 갖춘 부지와 주차전용 건축물 및 이에 접속된 부속시설물의 부지 다만, 다음의 어느 하나에 해당하는 시설의 부지는 제외한다. ① 「주차장법」 제2조 제1호 가목 및 다목에 따른 노상주차장 및 부설주차장(「주차장법」 제19조 제4항에 따라 시설물의 부지 인근에 설치된 부설주차장은 '주차장'이다) ② 자동차 등의 판매 목적으로 설치된 물류장 및 야외전시장
12 주유소 용지	다음의 토지 다만, 자동차·선박·기차 등의 제작 또는 정비공장 안에 설치된 급유·송유시설 등의 부지는 제외한다. ① 석유·석유제품, 액화석유가스, 전기 또는 수소 등의 판매를 위하여 일정한 설비를 갖춘 시설물의 부지 ② 저유소(貯油所) 및 원유저장소의 부지와 이에 접속된 부속시설물의 부지
13 창고용지	물건 등을 보관하거나 저장하기 위하여 독립적으로 설치된 보관시설물의 부지와 이에 접속된 부속시설물의 부지 ※ 실외에 물건을 쌓아두는 곳 = 잡종지
14 도로	다음의 토지 다만, 아파트·공장 등 단일 용도의 일정한 단지 안에 설치된 통로 등은 제외한다. ① 일반 공중(公衆)의 교통 운수를 위하여 보행이나 차량운행에 필요한 일정한 설비 또는 형태를 갖추어 이용되는 토지 ② 「도로법」 등 관계 법령에 따라 도로로 개설된 토지 ③ 고속도로의 휴게소 부지 ④ 2필지 이상에 진입하는 통로로 이용되는 토지
15 철도용지	교통 운수를 위하여 일정한 궤도 등의 설비와 형태를 갖추어 이용되는 토지와 이에 접속된 역사(驛舍)·차고·발전시설 및 공작창(工作廠) 등 부속시설물의 부지
16 제방	조수·자연유수·모래·바람 등을 막기 위하여 설치된 방조제·방수제·방사제·방파제 등의 부지
17 하천	자연의 유수가 있거나 있을 것으로 예상되는 토지
18 구거	용수 또는 배수를 위하여 일정한 형태를 갖춘 인공적인 수로·둑 및 그 부속시설물의 부지와 자연의 유수가 있거나 있을 것으로 예상되는 소규모 수로부지

19 유지	물이 고이거나 상시적으로 물을 저장하고 있는 댐·저수지·소류지·호수·연못 등의 토지와 연·왕골 등이 자생하는 배수가 잘 되지 아니하는 토지
20 양어장	육상에 인공으로 조성된 수산생물의 번식 또는 양식을 위한 시설을 갖춘 부지와 이에 접속된 부속시설물의 부지
21 수도용지	물을 정수하여 공급하기 위한 취수·저수·도수·정수·송수 및 배수 시설의 부지 및 이에 접속된 부속시설물의 부지
22 공원	일반 공중의 보건·휴양 및 정서생활에 이용하기 위한 시설을 갖춘 토지로서 「국토의 계획 및 이용에 관한 법률」에 따라 공원 또는 녹지로 결정·고시된 토지
23 체육용지	국민의 건강증진 등을 위한 체육활동에 적합한 시설과 형태를 갖춘 종합운동장·실내체육관·야구장·골프장·스키장·승마장·경륜장 등 체육시설의 토지와 이에 접속된 부속시설물의 부지 다만, 체육시설로서의 영속성과 독립성이 미흡한 정구장·골프연습장·실내수영장 및 체육도장과 유수(流水)를 이용한 요트장 및 카누장 등의 토지는 제외한다.
24 유원지	일반 공중의 위락·휴양 등에 적합한 시설물을 종합적으로 갖춘 수영장·유선장·낚시터·어린이놀이터·동물원·식물원·민속촌·경마장·야영장 등의 토지와 이에 접속된 부속시설물의 부지. 다만, 이들 시설과의 거리 등으로 보아 독립적인 것으로 인정되는 숙식시설 및 유기장의 부지와 하천·구거 또는 유지[공유(公有)인 것으로 한정한다]로 분류되는 것은 제외한다.
25 종교용지	일반 공중의 종교의식을 위하여 예배·법요·설교·제사 등을 하기 위한 교회·사찰·향교 등 건축물의 부지와 이에 접속된 부속시설물의 부지
26 사적지	국가유산으로 지정된 역사적인 유적·고적·기념물 등을 보존하기 위하여 구획된 토지. 다만, 학교용지·공원·종교용지 등 다른 지목으로 된 토지에 있는 유적·고적·기념물 등을 보호하기 위하여 구획된 토지는 제외한다.
27 묘지	사람의 시체나 유골이 매장된 토지, 「도시공원 및 녹지 등에 관한 법률」에 따른 묘지공원으로 결정·고시된 토지 및 「장사 등에 관한 법률」 제2조 제9호에 따른 봉안시설과 이에 접속된 부속시설물의 부지. 다만, 묘지의 관리를 위한 건축물의 부지는 "대"로 한다.
28 잡종지	다음의 토지. 다만, 원상회복을 조건으로 돌을 캐내는 곳 또는 흙을 파내는 곳으로 허가된 토지는 제외한다. ① 갈대밭, 실외에 물건을 쌓아두는 곳, 돌을 캐내는 곳, 흙을 파내는 곳, 야외시장 및 공동우물 ② 변전소, 송신소, 수신소 및 송유시설 등의 부지 ③ 여객자동차터미널, 자동차운전학원 및 폐차장 등 자동차와 관련된 독립적인 시설물을 갖춘 부지 ④ 공항시설 및 항만시설 부지 ⑤ 도축장, 쓰레기처리장 및 오물처리장 등의 부지 ⑤ 그 밖에 다른 지목에 속하지 않는 토지

1. 과수원 내 주거용 건축물 부지	⇨ 대	
2. 목장용지 내 주거용 건축물 부지	⇨ 대	
3. 묘지의 관리를 위한 건축물 부지	⇨ 대	

1. 학교용지 내 건축물 부지	⇨ 학교용지	
2. 공장용지 내 건축물 부지	⇨ 공장용지	
3. 종교용지 내 건축물 부지	⇨ 종교용지	

1. 학교용지 내 유적·고적·기념물의 부지	⇨ 학교용지	
2. 공원 내 유적·고적·기념물의 부지	⇨ 공원	
3. 종교용지 내 유적·고적·기념물의 부지	⇨ 종교용지	

① 연·왕골 재배지 ⇨ 답
② 연·왕골 자생지 ⇨ 유지

① 온수·약수·석유류 용출 ⇨ 광천지 ○
② 온수·약수·석유류 운송 ⇨ 광천지 ×

① 자연의 유수 ⇨ 하천
② 자연의 유수 + 소규모 ⇨ 구거
　인공적인 수로·둑 ⇨ 구거

① 독립적으로 설치된 보관시설물의 부지 ⇨ 창고용지
② 실외에 물건을 쌓아두는 곳 ⇨ 잡종지

① 「국토의 계획 및 이용에 관한 법률」에 따른 공원 또는 녹지 ⇨ 공원
② 「도시공원 및 녹지 등에 관한 법률」에 따른 묘지공원 ⇨ 묘지

확인문제

1. 공간정보의 구축 및 관리 등에 관한 법령상 지목을 '잡종지'로 정할 수 있는 기준에 대한 내용으로 틀린 것은? (단, 원상회복을 조건으로 돌을 캐내는 곳 또는 흙을 파내는 곳으로 허가된 토지는 제외함) 제35회
① 공항시설 및 항만시설 부지
② 변전소, 송신소, 수신소 및 송유시설 등의 부지
③ 도축장, 쓰레기처리장 및 오물처리장 등의 부지
④ 모래·바람 등을 막기 위하여 설치된 방사제·방파제 등의 부지
⑤ 갈대밭, 실외에 물건을 쌓아두는 곳, 돌을 캐내는 곳, 흙을 파내는 곳, 야외시장 및 공동우물

해설 ④ 모래·바람 등을 막기 우하여 설치된 방사제·방파제 등의 부지는 '제방'으로 한다. ▶정답 ④

2. 공간정보의 구축 및 관리 등에 관한 법령상 지목의 구분 및 설정방법 등에 관한 설명으로 틀린 것은?
제35회

① 필지마다 하나의 지목을 설정하여야 한다.

② 1필지가 둘 이상의 용도로 활용되는 경우에는 주된 용도에 따라 지목을 설정하여야 한다.

③ 토지가 일시적 또는 임시적인 용도로 사용될 때에는 그 용도에 따라 지목을 변경하여야 한다.

④ 물을 상시적으로 이용하지 않고 닥나무·묘목·관상수 등의 식물을 주로 재배하는 토지의 지목은 "전"으로 한다.

⑤ 물을 상시적으로 직접 이용하여 벼·연(蓮)·미나리·왕골 등의 식물을 주로 재배하는 토지의 지목은 "답"으로 한다.

> **해설** ③ 영 제59조 ② 토지가 일시적 또는 임시적인 용도로 사용될 때에는 지목을 변경하지 아니한다. = 영속성의 원칙. 지목은 영속적인 사용이어야 지목으로 등록되고, 지목이 변경될 때에도 영속적인 변경이 되어야 한다.
>
> ▶정답 ③

3. 공간정보의 구축 및 관리 등에 관한 법령상 지목을 지적도에 등록하는 때에 표기하는 부호로서 옳은 것은?
제30회

① 광천지 - 천　　　　② 공장용지 - 공　　　　③ 유원지 - 유

④ 제방 - 제　　　　　⑤ 도로 - 로

> **해설** ④ 공장용지, 주차장, 하천, 유원지는 도면에서 차문자로 기재되고, 나머지 지목은 두(頭)문자로 기재한다.
>
> ▶정답 ④

3. 경 계

(1) 경계점간을 직선으로 연결하여 지적공부에 등록한 선

(2) 토지의 <u>지상경계</u>는 둑, 담장이나 그 밖에 구획의 목표가 될 만한 구조물 및 경계점표지 등으로 구분한다(<u>법적 경계는 도면상 경계</u> 또는 좌표이다).

(3) **경계 설정 원칙**

① 경계국정주의

② 경계직선주의

③ 경계불가분 원칙

④ 경계부동성 원칙

⑤ **축척종대원칙** : 동일한 경계가 축척이 다른 도면에 각각 등록된 때에는 축척이 큰 것(= 보다 정밀한 축척)에 따른다.

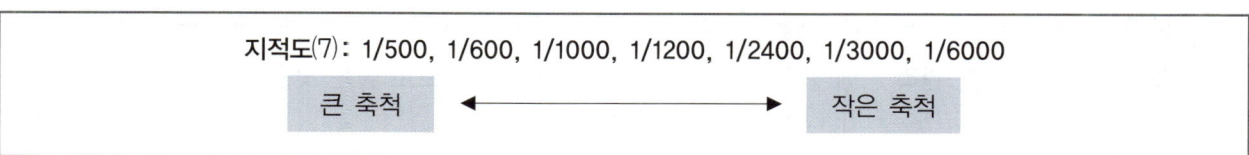

지적도(7) : 1/500, 1/600, 1/1000, 1/1200, 1/2400, 1/3000, 1/6000

큰 축척 ◄─────────► 작은 축척

(4) 경계의 설정기준

높낮이 차이가 없을 때	구조물 등의 중앙	구조물 등의 소유자가 다른 경우 그 소유권에 따라 경계를 결정
높낮이 차이가 있을 때	구조물 등의 **하**단부	
절토(땅깎기)**된 부분이 있을 때**	경사면의 **상**단부	
해면·수면에 접할 대	최대만조위 또는 최대만수위	
제방 등을 토지에 편입	바깥쪽 어깨부분	

(5) 지상건축물이 있을 때의 분할

원 칙	지상건축물을 걸리게 결정할 수 없다.
예 외	다음의 경우에는 지상건축물이 걸리더라도 분할할 수 있다(**판/공/도/관**). ① 법원의 확정**판**결이 있는 경우 ② **공**공사업으로 인하여 학교용지·철도용지·수도용지·유지·도로·구거·제방·하천 등의 지목으로 되는 토지를 분할하고자 하는 경우 ③ **도**시개발사업 등의 사업시행자가 사업지구의 경계를 결정하기 위하여 분할하고자 하는 경우 ④ 도시·군**관**리계획선에 따라 분할하고자 하는 경우

※ 지적확정측량의 경계는 공사가 완료된 현황대로 결정하되, 공사가 완료된 현황이 사업계획도와 다를 때에는 미리 사업시행자에게 그 사실을 통지하여야 한다.

(6) 지상경계점등록부

작성·관리	지적소관청이 토지이동에 따라 지상경계를 새로 정한 경우 작성·관리
등록사항	① 소 재 ② 지 번 ③ 경계점 **사**진 파일 ④ 경계점 **위**치 설명도 ⑤ 경계점**좌**표(경계점좌표등록부 시행지역에 한함) ⑥ 경계점**토**지의 종류 및 경계점 위치 ⑦ **공**부상 지목과 **실**제 토지이용 지목

확인문제 •

1. 공간정보의 구축 및 관리 등에 관한 법령상 지상경계의 결정기준으로 옳은 것은? (단, 지상경계의 구획을 형성하는 구조물 등의 소유자가 다른 경우는 제외함) 제32회

① 연접되는 토지 간에 높낮이 차이가 있는 경우 : 그 구조물 등의 하단부

② 공유수면매립지의 토지 중 제방 등을 토지에 편입하여 등록하는 경우 : 그 경사면의 하단부

③ 도로 · 구거 등의 토지에 절토(땅깎기)된 부분이 있는 경우 : 바깥쪽 어깨부분

④ 토지가 해면 또는 수면에 접하는 경우 : 최소만조위 또는 최소만수위가 되는 선

⑤ 연접되는 토지 간에 높낮이 차이가 없는 경우 : 그 구조물 등의 상단부

해설 ② 공유수면매립지의 토지 중 제방 등을 토지에 편입하여 등록하는 경우 : 바깥쪽 어깨부분

③ 도로 · 구거 등의 토지에 절토(땅깎기)된 부분이 있는 경우 : 그 경사면의 상단부

④ 토지가 해면 또는 수면에 접하는 경우 : 최대만조위 또는 최대만수위가 되는 선

⑤ 연접되는 토지 간에 높낮이 차이가 없는 경우 : 그 구조물 등의 중앙 ▶정답 ①

2. 공간정보의 구축 및 관리 등에 관한 법령상 지상경계점등록부의 등록사항으로 틀린 것은? 제34회

① 지적도면의 번호

② 토지의 소재

③ 공부상 지목과 실제 토지이용 지목

④ 경계점의 사진파일

⑤ 경계점표지의 종류 및 경계점 위치

해설 ① 지상경계점등록부의 등록사항은 암기사항이다. ▶정답 ①

3. 공간정보의 구축 및 관리 등에 관한 법령상 지상경계의 구분 등에 관한 설명으로 틀린 것은? 제36회

① 지적소관청은 토지의 이동에 따라 지상경계를 새로 정한 경우에는 지상경계점등록부를 작성 · 관리하여야 한다.

② 경계점 좌표는 경계점좌표등록부 시행지역의 지상경계점등록부의 등록사항이다.

③ 관계 법령에 따라 인가 · 허가 등을 받아 토지를 분할하려는 경우에는 지상 경계점에 경계점표지를 설치하여 측량할 수 있다.

④ 경계점 위치 설명도, 경계점표지의 종류 및 경계점 위치는 지상경계점등록부의 등록사항이다.

⑤ 지적확정측량의 경계는 사업계획도대로 결정하되, 공사가 완료된 현황이 사업계획도와 다를 때에는 미리 지적측량수행자에게 그 사실을 통지하여야 한다.

해설 ⑤ 시행령 제55조(지상 경계의 결정기준 등) 지적확정측량의 경계는 공사가 완료된 현황대로 결정하되, 공사가 완료된 현황이 사업계획도와 다를 때에는 미리 사업시행자에게 그 사실을 통지하여야 한다. ▶정답 ⑤

4. 면 적

(1) 지적측량에 의하여 지적공부에 등록된 토지의 <u>수평면상의 넓이</u>를 말한다.

　① **전자면적측정기법**: <u>도면</u>에 등록된 토지의 면적계산법

　② **좌표면적계산법**: <u>경위의측량</u>으로 측량한 필지(경계점좌표등록부에 등록된 토지)의 면적계산법

(2) **면적의 결정방법**(5사5입법)

축 척	등록단위 (최소등록면적)	끝수처리
경계점좌표등록부 비치지역(1/500), 1/600	0.1m²	0.05 미만 ⇨ 버림
		0.05 초과 ⇨ 올림
		0.05일 때 ⇨ 앞자리가 0 또는 짝수이면 버리고, 앞자리가 홀수이면 올린다.
1/1,000, 1/1,200, 1/2,400, 1/3,000, 1/6,000	1m²	0.5 미만 ⇨ 버림
		0.5 초과 ⇨ 올림
		0.5일 때 ⇨ 앞자리가 0 또는 짝수이면 버리고, 앞자리가 홀수이면 올린다.

(3) **면적측정의 대상**

대상인 것	① 지적공부의 복구 · 신규등록 · 등록전환 · 분할 및 축척변경 ② 면적 및 경계에 오류가 있어 등록사항의 정정을 하는 경우 ③ 도시개발사업 등으로 토지의 표시를 새로 정하는 경우 ④ 지적현황측량 · 경계복원측량에 <u>면적측정이 수반되는 경우</u>
대상이 아닌 것	지번변경, 지목변경, 합병, 지적현황측량, 경계복원측량, 면적의 증감이 없는 단순한 경계의 위치정정 등

확인문제 •

1. 공간정보의 구축 및 관리 등에 관한 법령상 지적도의 축척이 600분의 1인 지역에서 신규등록할 1필지의 면적을 계산한 값이 0.050m²이었다. 토지대장에 등록하는 면적의 결정으로 옳은 것은?   제30회

① 0.01m²   ② 0.05m²   ③ 0.1m²

④ 0.5m²   ⑤ 1.0m²

해설 ③ 경계점좌표등록부가 비치된 지역(1/500), 1/600 축척의 지적도가 있는 지역의 토지 면적은 0.1m² 단위로 등록되므로 0.1m²보다 작은 토지는 0.1m²로 등록된다.   ▶정답 ③

2. 공간정보의 구축 및 관리 등에 관한 법령상 지적도의 축척이 600분의 1인 지역에서 신규등록할 1필지의 측정 면적이 928.651m²인 경우 토지대장에 등록할 면적은? (단, 다른 조건은 고려하지 않음)   제36회

① 928m²   ② 928.6m²   ③ 928.65m²

④ 928.7m²   ⑤ 929m²

해설 ④ 지적도의 축척이 600분의 1인 지역과 경계점좌표등록부에 등록하는 지역의 토지 면적은 제곱미터 이하 한 자리 단위로 하되, 0.1m² 미만의 끝수가 있는 경우 0.05제곱미터 미만일 때에는 버리고 0.05m²를 초과할 때에는 올리며, 0.05m²일 때에는 구하려는 끝자리의 숫자가 0 또는 짝수이면 버리고 홀수이면 올린다. 928.651m²의 등록면적은 제곱미터 이하 한자리이므로 928.6m²인데 끝수인 0.051은 0.05보다 0.001이 크므로 올린다. 그러므로 정답은 928.7m²이다.   ▶정답 ④

04 지적공부

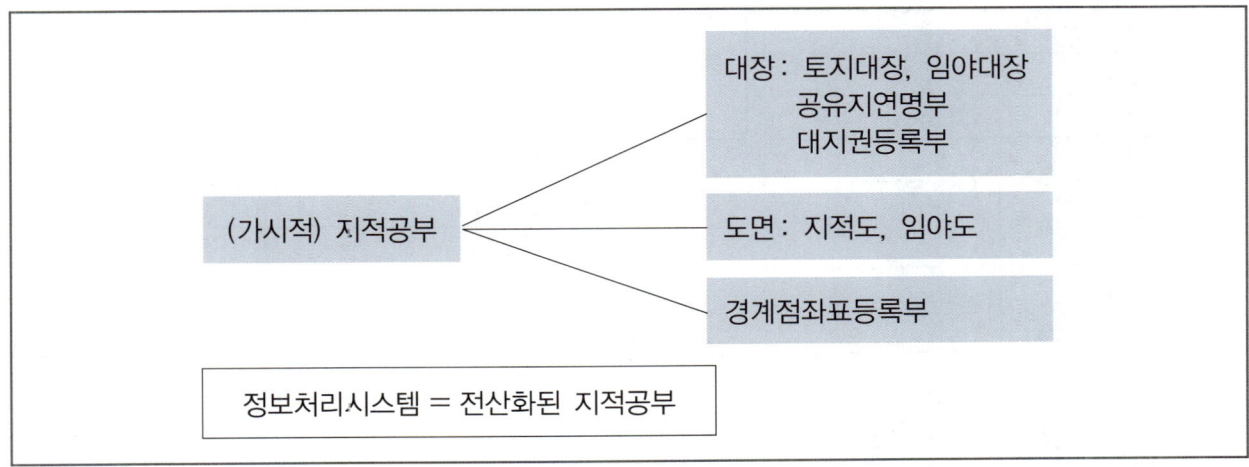

1. 소재, 지번, ~ 의 장번호 = 모든 지적공부
   ↳ 도면은 장번호 대신 도면번호가 등록된다.
2. ┌ 지목 = 도면(지적도/임야도) + 대장(토지대장/임야대장) ⇨ 목/도/장
   └ 축척 = 도면(지적도/임야도) + 대장(토지대장/임야대장) ⇨ 축/도/장
3. ┌ 면적 = 대장(토지대장/임야대장) ⇨ 면/장
   ├ 토지이동사유(신규등록, 지목변경 등) = 대장(토지대장/임야대장) ⇨ 이/장
   └ 개별공시지가(≒ 토지등급) = 대장(토지대장/임야대장) ⇨ 공/장, 등/장
4. 경계 = 도면에만 등록
5. 좌표 = 경계점좌표등록부에만 등록
6. 소유자 = 대장 모두(토지대장, 임야대장, 공유지연명부, 대지권등록부)
7. 소유권의 지분 = 공유지연명부/대지권등록부에만 등록
8. 도면번호 : 공유지연명부/대지권등록부에만 미등록
9. 토지의 고유번호 : 도면에만 미등록

1. 토지대장과 임야대장

고유번호			**토 지 대 장**		도면번호		발급번호	
토지소재					장번호		처리시각	
지 번		축 척			비 고		발급자	

토 지 표 시				소 유 자			
지 목	면 적(m²)	사 유		변 동 일 자	주 소		
				변 동 원 인	성명 또는 명칭	등 록 번 호	
				년 월 일			
				년 월 일			

등 급 수 정 연 월 일															
토 지 등 급 (기준수확량등급)	( )	( )	( )	( )	( )	( )	( )	( )	( )	( )	( )	( )	( )	( )	( )
개별공시지가 기준일													용도지역 등	
개별공시지가(원/m²)														

(1) **물적편성주의**: 지번순으로 편성(1필지 1카드)한다.

(2) **등록사항**

> ① 토지의 소재, 지번, 지목, 면적
> ② 소유자의 성명 또는 명칭·주소 및 주민등록번호, 토지소유자가 변경된 날과 그 원인
> ③ 토지의 고유번호, 축척
> ④ 개별공시지가와 그 기준일
> ⑤ 토지등급 또는 기준수확량등급과 그 설정·수정연월일
>   (과세기준이 공시지가로 바뀜에 따라 1996년 이후부터는 수정하지 않음)
> ⑥ 도면번호와 필지별 대장의 장번호
> ⑦ 토지의 이동사유

▷ Key: 토지의 고유번호

각 필지를 구별하기 위하여 필지마다 부여하는 19자리의 숫자로 된 번호이다.

※ 도면에는 고유번호를 등록하지 않는다.

2. 공유지연명부

고유번호			**공 유 지 연 명 부**			장 번 호	
토지소재			지 번			비 교	

순번	변 동 일 자	소유권 지분	소 유 자		등록번호
	변 동 원 인		주 소		성명 또는 명칭
	년 월 일				
	년 월 일				
	년 월 일				
	년 월 일				
	년 월 일				
	년 월 일				
	년 월 일				
	년 월 일				

(1) 1필지의 토지를 2인 이상이 공동으로 소유하는 경우에 작성하는 공부이다.

> 토지대장이나 임야대장은 소유자를 1인 기록 ⇨ 소유자가 여러 명인 경우 토지대장이나 임야대장의 소유자 란에 '홍길동 외 3인'이라고 기록 ⇨ 공유지연명부에 모든 공유자의 성명과 소유권지분 등을 기록

(2) 등록사항

> ① 토지의 소재와 지번
> ② 소유자의 성명 또는 명칭과 주소 및 주민등록번호, 토지소유자가 변경된 날과 그 원인
> ③ 토지의 고유번호, 소유권 지분
> ④ 필지별 공유지연명부의 장번호

3. 대지권등록부

고유번호		**대 지 권 등 록 부**		전유부분 건물표시		장번호	
토지소재		지 번	대지비율	건물명칭			

지 번						
대지권 비율						

변 동 일 자	소유권 지분	소 유 자		
		주　　소	등 록 번 호	
변 동 원 인			성명 또는 명칭	
년 월 일				
년 월 일				
년 월 일				
년 월 일				

⑴ 대지권등기를 한 토지에 대하여 작성하는 공부

※ 대지권등기 후 작성된다. 대지권등록부 작성 후 대지권등기되는 것이 아니다(선후 구별).

⑵ 등록사항

> ① 토지의 소재와 지번
> ② 소유자의 성명 또는 명칭과 주소 및 주민등록번호, 토지소유자가 변경된 날과 그 원인
> ③ 토지의 고유번호, 소유권 지분
> ④ 집합건물별 대지권등록부의 장번호
> ⑤ 건물명칭, 전유부분의 건물표시, 대지권 비율 ⇨ 대지권등록부의 고유등록사항

확인문제

1. 공간정보의 구축 및 관리 등에 관한 법령상 토지대장과 공유지연명부의 공통 등록사항을 모두 고른 것은?

제36회

> ㉠ 지번
> ㉡ 토지의 이동사유
> ㉢ 토지의 고유번호
> ㉣ 소유자의 성명 또는 명칭, 주소 및 주민등록번호(국가, 지방자치단체, 법인, 법인 아닌 사단이나 재단 및 외국인의 경우에는 「부동산등기법」 제49조에 따라 부여된 등록번호)

① ㉠, ㉢   ② ㉠, ㉡, ㉣   ③ ㉠, ㉢, ㉣
④ ㉡, ㉢, ㉣   ⑤ ㉠, ㉡, ㉢, ㉣

해설 ㉡ 토지의 이동사유는 토지대장과 임야대장의 등록사항이며, 공유지연명부에는 등록되지 아니한다. ▶정답 ③

2. 공간정보의 구축 및 관리 등에 관한 법령상 공유지연명부와 대지권등록부의 공통 등록사항을 모두 고른 것은?

제32회

> ㉠ 지번
> ㉡ 소유권 지분
> ㉢ 소유자의 성명 또는 명칭, 주소 및 주민등록번호
> ㉣ 토지의 고유번호
> ㉤ 토지소유자가 변경된 날과 그 원인

① ㉠, ㉡, ㉢   ② ㉠, ㉡, ㉣, ㉤   ③ ㉠, ㉢, ㉣, ㉢
④ ㉡, ㉢, ㉣, ㉤   ⑤ ㉠, ㉡, ㉢, ㉣, ㉤

해설 ⑤ 소재와 지번은 모든 지적공부의 등록사항, 소유권 지분은 공유지연명부와 대지권등록부의 공통된 등록사항, 소유자의 성명 또는 명칭, 주소 및 주민등록번호와 토지소유자가 변경된 날과 그 원인은 토지대장·임야대장·공유지연명부·대지권등록부의 등록사항, 토지의 고유번호는 도면을 제외한 모든 지적공부에 등록되므로 정답이다.

▶정답 ⑤

4. 지적도와 임야도

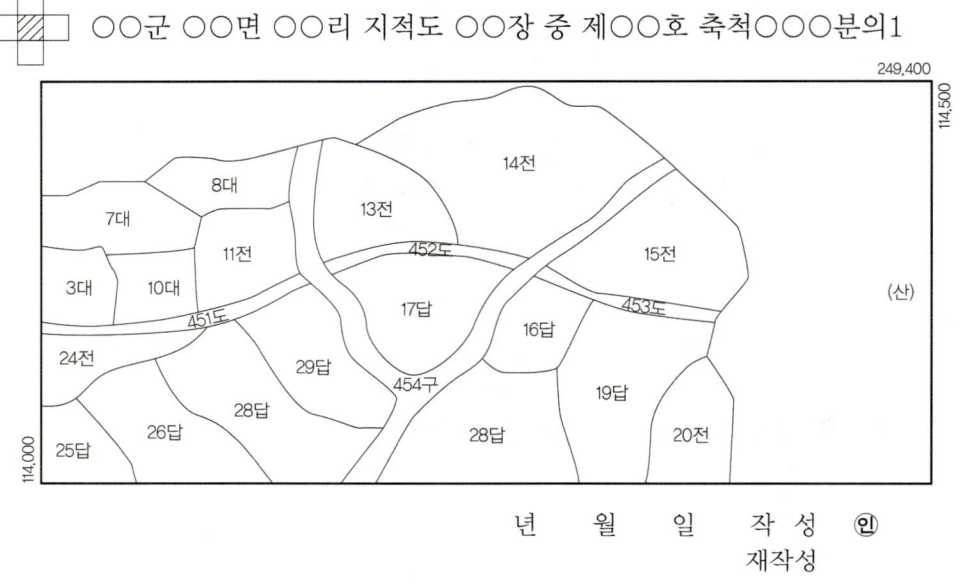

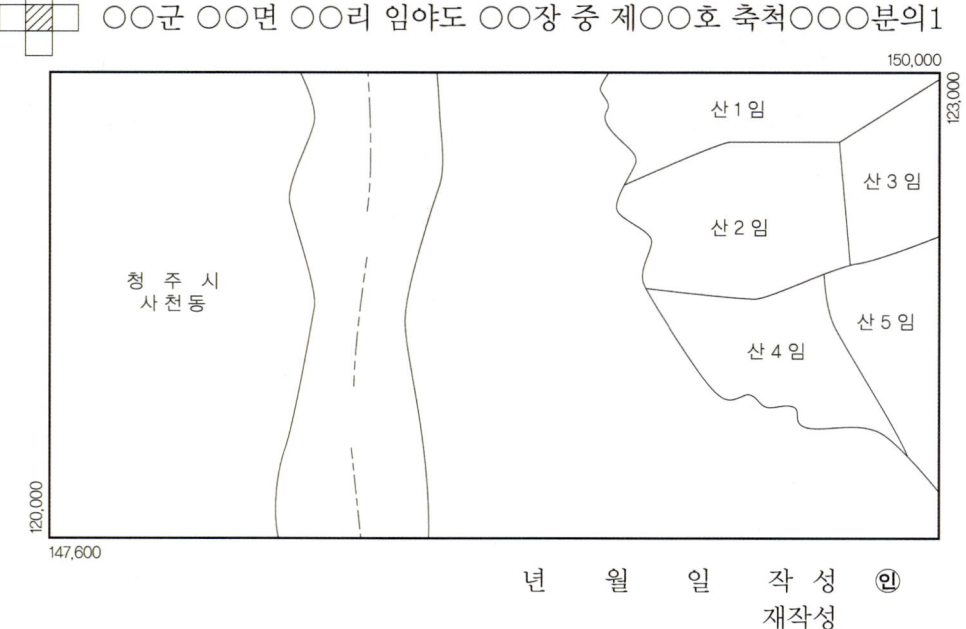

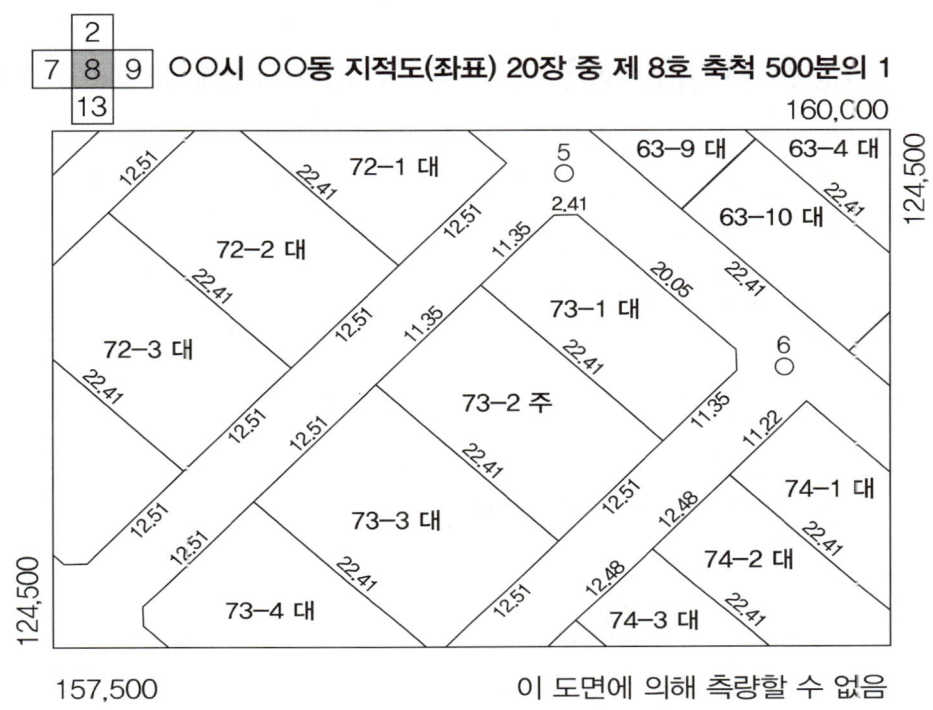

(1) **등록사항**: 토지의 소재, 지번, 지목(부호), 경계, 축척, 도면번호, 도면의 색인도, 도면의 제명, 삼각점 및 지적기준점의 위치, 건축물 및 구조물의 위치(지적현황측량), 도곽선 및 도곽선수치 등

> ① 지적도의 도곽선은 가로 40cm, 세로 30cm로 법정규격이다.
>   임야도는 일정한 기준이 없으나 보통 가로 50cm, 세로 40cm
> ② 도면의 윗방향은 항상 북쪽
> ③ 도곽선과 필지의 경계는 0.1mm의 폭으로 제도한다.
> ④ 경계점좌표등록부를 갖춰두는 지역의 지적도에는 해당 도면의 제명 끝에 "(좌표)"라고 표시하고, 도곽선의 오른쪽 아래 끝에 "이 도면에 의하여 측량할 수 없음"이라고 적어야 하며, 좌표에 의하여 계산된 경계점 간의 거리를 등록한다(1cm 단위까지 알 수 있다).

(2) **도면의 법정축척**: 1/500, 1/600, 1/1000, 1/1200, 1/2400, 1/3000, 1/6000

지적도	모든 축척을 사용하며, 1/1200을 많이 사용
임야도	1/3000과 1/6000만 사용, 1/6000을 주로 사용
경계점좌표등록부	원칙적으로 1/500을 사용

확인문제 •

1. 공간정보의 구축 및 관리 등에 관한 법령상 지적도 및 임야도의 등록사항을 모두 고른 것은? 제32회

> ㉠ 토지의 소재
> ㉡ 좌표에 의하여 계산된 경계점 간의 거리(경계점좌표등록부를 갖춰 두는 지역으로 한정)
> ㉢ 삼각점 및 지적기준점의 위치
> ㉣ 건축물 및 구조물 등의 위치
> ㉤ 도곽선(圖廓線)과 그 수치

① ㉠, ㉢, ㉣   ② ㉡, ㉢, ㉤

③ ㉡, ㉣, ㉤   ④ ㉠, ㉡, ㉢, ㉤

⑤ ㉠, ㉡, ㉢, ㉣, ㉤

해설 ㉠ 토지의 소재와 지번은 모든 지적공부에 등록되므로 해당. ㉡, ㉢, ㉣, ㉤은 도면의 고유등록사항이므로 해당

▶정답 ⑤

2. 공간정보의 구축 및 관리 등에 관한 법령상 지적도와 임야도의 축척 중에서 공통된 것으로 옳은 것은?
제35회

① 1/1200, 1/2400   ② 1/1200, 1/3000   ③ 1/2400, 1/3000

④ 1/2400, 1/6000   ⑤ 1/3000, 1/6000

해설 ⑤ 지적도의 축척은 모두 7가지. 1/500, 600, 1000, 1200, 2400, 3000, 6000
　　　임야도의 축척은 2가지 1/3000, 6000

▶정답 ⑤

3. 공간정보의 구축 및 관리 등에 관한 법령상 경계점좌표등록부를 갖춰 두는 지역의 지적공부 및 토지의 등록 등에 관한 설명으로 틀린 것은? 제28회

① 지적도에는 해당 도면의 제명 앞에 "(수치)"라고 표시하여야 한다.
② 지적도에는 도곽선의 오른쪽 아래 끝에 "이 도면에 의하여 측량을 할 수 없음"이라고 적어야 한다.
③ 토지 면적은 제곱미터 이하 한 자리 단위로 결정하여야 한다.
④ 면적측정 방법은 좌표면적계산법에 의한다.
⑤ 경계점좌표등록부를 갖춰 두는 토지는 지적확정측량 또는 축척변경을 위한 측량을 실시하여 경계점을 좌표로 등록한 지역의 토지로 한다.

해설 ① 지적도에는 해당 도면의 제명 '끝'에 "(좌표)"라고 표시하여야 한다. ▶정답 ①

5. 경계점좌표등록부

토지소재		경 계 점 좌 표 등 록 부	발급번호	
지 번			처리시각	
출력축척			발급자	

	부 호	좌 표		부 호	좌 표	
		X	Y		X	Y

⑴ 경계점의 위치를 좌표로 등록·공시하는 지적공부이며, <u>토지대장과 지적도를 함께 비치한다.</u>

⑵ 작성대상 지역은 지적확정측량 또는 축척변경을 위한 측량을 실시하여 경계점을 좌표로 등록한 지역으로 한다.

⑶ **경계점좌표등록부의 정리** : 토지의 경계결정과 지표상의 복원은 좌표에 의한다.

경계점좌표등록부 비치지역은 지적도에 의해 측량할 수 없다.

⑷ **등록사항**

① 토지의 소재, 지번
② 토지의 고유번호, 도면번호
③ 좌표, 부호 및 부호도 ⇨ 경계점좌표등록부의 고유등록사항
④ 필지별 경계점좌표등록부의 장번호

🔶 도면과 좌표

구 분	정밀도	난이도	비 용	등록대상	측량방법
도 면	낮다	쉽다	저렴	모든 토지	평판측량
좌 표	높다	어렵다	고가	일부 토지	경위의측량

1. 공간정보의 구축 및 관리 등에 관한 법령상 경계점좌표등록부의 등록사항으로 옳은 것만 나열한 것은?
제27회

① 지번, 토지의 이동사유
② 토지의 고유번호, 부호 및 부호도
③ 경계, 삼각점 및 지적기준점의 위치
④ 좌표, 건축물 및 구조물 등의 위치
⑤ 면적, 필지별 경계점좌표등록부의 장번호

해설 ① '토지의 이동사유'와 ⑤ '면적'은 토지대장과 임야대장에 등록 ③ '경계', '삼각점 및 지적기준점의 위치'는 도면에 등록 ④ '건축물 및 구조물 등의 위치'는 도면에 등록 ▶정답 ②

2. 공간정보의 구축 및 관리 등에 관한 법령상 대지권등록부와 경계점좌표등록부의 공통 등록사항을 모두 고른 것은?
제34회

| ㉠ 지번 | ㉡ 소유자의 성명 또는 명칭 | ㉢ 토지의 소재 |
| ㉣ 토지의 고유번호 | ㉤ 지적도면의 번호 | |

① ㉠, ㉢, ㉣
② ㉢, ㉣, ㉤
③ ㉠, ㉡, ㉢, ㉣
④ ㉠, ㉡, ㉢, ㉤
⑤ ㉠, ㉡, ㉣, ㉤

해설 ㉡ 소유자의 성명 또는 명칭은 대지권등록부에 등록되고 경계점좌표등록부에는 미등록, ㉤ 지적도면의 번호는 경계점좌표등록부에는 등록되고 대지권등록부에 미등록 ▶정답 ①

3. 공간정보의 구축 및 관리 등에 관한 법령상 지적공부와 등록사항의 연결이 옳은 것은?
제35회

① 토지대장 – 지목, 면적, 경계
② 경계점좌표등록부 – 지번, 토지의 고유번호, 지적도면의 번호
③ 공유지연명부 – 지번, 지목, 소유권 지분
④ 대지권등록부 – 좌표, 건물의 명칭, 대지권 비율
⑤ 지적도 – 삼각점 및 지적기준점의 위치, 도곽선(圖廓線)과 그 수치, 부호 및 부호도

해설 ② 지번은 공통등록사항, 고유번호는 도면에만 없고, 도면번호는 공/대에만 없다. 그러므로 경계점좌표등록부에 모두 등록되어 있는 사항이다.
① 경계는 '도면'의 등록사항이다.
③ 지목은 목/도/장 = 도면과 대장(토/대 + 임/대)에 있고 공유지연명부에는 없다.
④ '좌표'와 '부호 및 부호도'는 경계점좌표등록부에만 있다.
⑤ '부호 및 부호도'는 경계점좌표등록부에만 있다. ▶정답 ②

6. 지적공부의 보존과 관리

구 분	(가시적) 지적공부	정보처리시스템
보 존	지적소관청이 해당 청사의 지적서고에 보관	관할 시·도지사, 시장·군수·구청장이 지적정보관리체계에 보관
반출과 복제	• 원칙: 반출 금지 • 예외: 반출 가능 ① 천재·지변 기타 이에 준하는 재난시 ② 관할 시·도지사 또는 대도시 시장의 승인을 받은 때 반출 가능	국토교통부장관이 지적공부를 복제하여 관리하는 정보관리체계를 구축
공개신청	해당 지적소관청에 신청	(지적도·임야도 제외) 특별자치시장, 시장·군수 또는 구청장이나 읍·면·동의 장에게 신청

(1) 지적서고

① 지적서고는 지적사무를 처리하는 **사무실과 연접**(連接)하여 설치하여야 한다.

② 골조는 철근콘크리트 이상의 강질로 할 것

③ 바닥과 벽은 2중으로 하고 영구적인 방수설비를 할 것

④ 창문과 출입문은 2중으로 하되, 바깥쪽 문은 반드시 철제로 하고 안쪽 문은 곤충·쥐 등의 침입을 막을 수 있도록 철망 등을 설치할 것

⑤ 열과 습도의 영향을 받지 아니하도록 내부공간을 넓게, 천장을 높게 설치할 것

⑥ 온도 및 습도 자동조절장치를 설치하고, 연중 평균온도는 섭씨 20 ± 5도를, 연중평균습도는 65 ± 5 퍼센트를 유지할 것

⑦ 전기시설을 설치하는 때에는 **단독퓨즈**를 설치하고 소화장비를 갖춰 둘 것

⑧ 지적공부 보관상자는 **벽으로부터** 15센티미터 이상 띄워야 하며, 높이 10센티미터 이상의 깔판 위에 올려놓아야 한다.

⑨ 카드로 된 토지대장·임야대장·공유지연명부·대지권등록부 및 경계점좌표등록부는 100장 단위로 바인더(binder)에 넣어 보관하여야 한다.

⑩ 일람도·지번색인표 및 지적도면은 지번부여지역별로 도면번호순으로 보관하되, 각 장별로 보호대에 넣어야 한다.

⑪ 지적서고는 제한구역으로 지정하고, 출입자를 지적사무담당공무원으로 한정할 것

⑫ 지적서고에는 인화물질의 탄입을 금지하며, 지적공부, 지적 관계 서류 및 지적측량장비만 보관할 것

확인문제 •

공간정보의 구축 및 관리 등에 관한 법령상 지적공부의 보존 및 보관방법 등에 관한 설명으로 틀린 것은?
(단, 정보처리시스템을 통하여 기록·저장한 지적공부는 제외함) 제31회

① 지적소관청은 해당 청사에 지적서고를 설치하고 그 곳에 지적공부를 영구히 보존하여야 한다.
② 국토교통부장관의 승인을 받은 경우 지적공부를 해당 청사 밖으로 반출할 수 있다.
③ 지적서고는 지적사무를 처리하는 사무실과 연접(連接)하여 설치하여야 한다.
④ 지적도면은 지번부여지역별로 도면번호순으로 보관하되, 각 장별로 보호대에 넣어야 한다.
⑤ 카드로 된 토지대장·임야대장·공유지연명부·대지권등록부 및 경계점좌표등록부는 100장 단위로 바인더(binder)에 넣어 보관하여야 한다.

해설 ② 지적소관청이 지적공부를 해당 청사 밖으로 반출하려면 시·도지사 또는 대도시 시장의 승인을 받아야 한다.

▶정답 ②

(2) 도면의 복사

① 국가기관, 지방자치단체 또는 지적측량수행자가 지적도면(정보처리시스템에 구축된 지적도면 데이터 파일을 포함)을 복사하려는 경우 신청서를 지적소관청에 제출하여야 한다.

② 복사과정에서 지적도면의 손상염려가 있는 때에는 도면의 복사를 정지시킬 수 있다.

③ 복사한 지적도면은 신청 당시의 목적 외의 용도로는 사용할 수 없다.

7. 지적전산자료(연속지적도 포함)의 이용

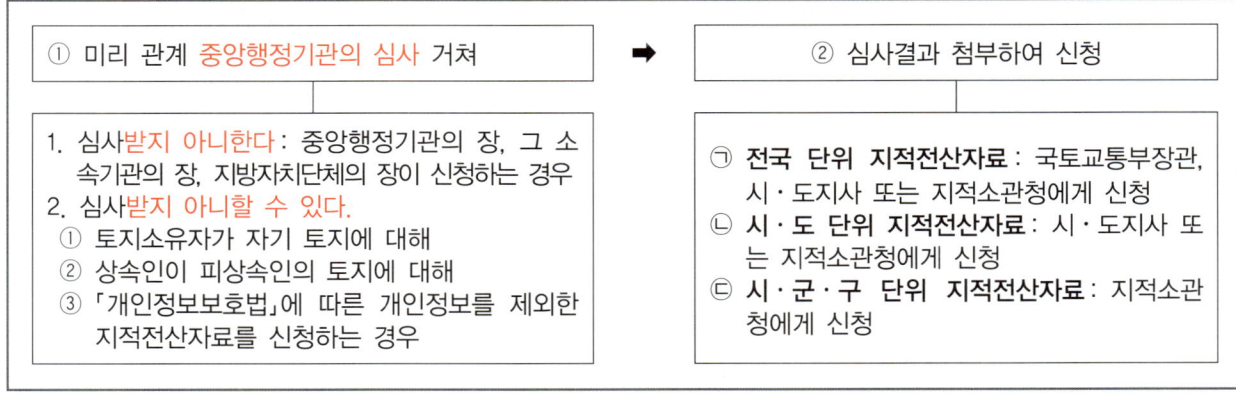

① 심사 결과 지적전산자료를 제공하지 않을 수 있는 경우
  ㉠ 신청사항의 처리가 전산정보처리조직으로 불가능한 경우
  ㉡ 신청사항의 처리가 지적업무수행에 지장을 주는 경우

② 국가나 지방자치단체는 지적전산자료제공에 대한 사용료를 면제한다.

8. 연속지적도

① 전산화된 지적도 및 임야도 파일을 이용하여, 도면상 경계점들을 연결하여 작성한 도면으로 지적측량을 하지 아니하고 만든 도면이므로 **측량에 활용할 수 없다.**

② **국토교통부장관**은 연속지적도의 관리 및 정비에 관한 **정책을 수립 · 시행**하여야 하고, 연속지적도 **정보관리체계를 구축 · 운영**할 수 있다.

③ **지적소관청**은 지적도 · 임야도에 등록된 사항에 대하여 정비한 때에는 이를 **연속지적도에 반영**하여야 한다.

④ 국토교통부장관은 지적소관청의 연속지적도 정비에 필요한 경비의 전부 또는 일부를 지원할 수 있고, 국토교통부장관 또는 지적소관청은 연속지적도의 관리 · 정비 및 연속지적도 정보관리체계의 구축 · 운영에 관한 업무를 법인, 단체 또는 기관에 위탁할 수 있다. 이 경우 위탁관리에 필요한 경비의 전부 또는 일부를 지원할 수 있다.

🔖 **연속지적도 체계도**

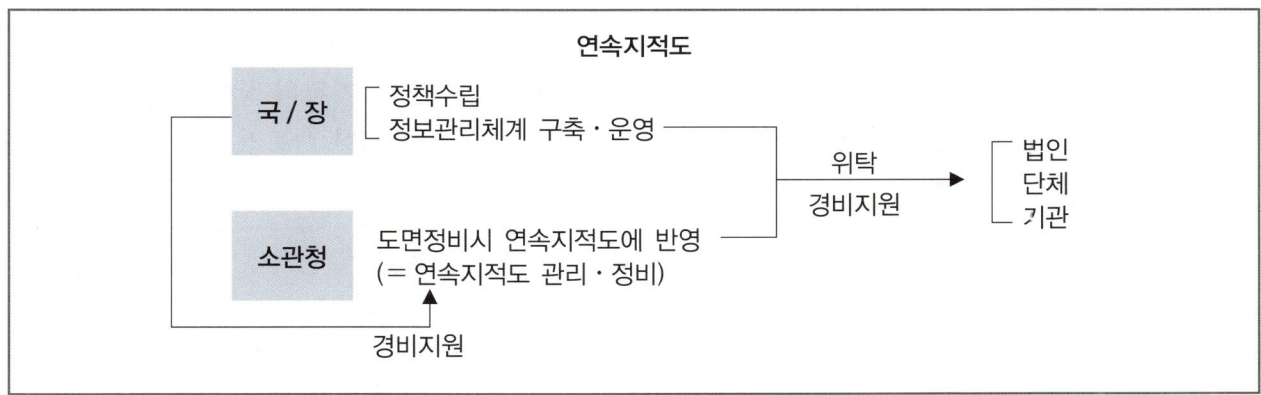

9. 부동산종합공부

등록사항	근거자료
토지의 표시와 소유자에 관한 사항	지적공부의 내용
건축물 표시와 소유자(토지에 건축물이 있는 경우만 해당)에 관한 사항	건축물대장의 내용
토지의 이용 및 규제에 관한 사항	토지이용계획확인서의 내용
부동산의 가격에 관한 사항	「부동산 가격공시에 관한 법률」에 따른 개별공시지가, 개별주택가격 및 공동주택가격 공시내용
그 밖에 대통령령으로 정하는 사항	「부동산등기법」 제48조에 따른 부동산의 <u>권리</u>에 관한 사항

(1) 관리 및 운영

① **부동산종합공부를 관리·운영 및 영구보존 + 복제: 모두 지적소관청**

② 부동산종합공부의 등록사항을 관리하는 기관의 장은 지적소관청에 상시적으로 관련 정보를 제공하여야 한다.

③ 지적소관청은 필요한 경우 부동산종합공부의 등록사항을 관리하는 기관의 장에게 관련 자료의 제출을 요구할 수 있다. ⇨ 자료의 제출을 요구받은 기관의 장은 <u>특별한 사유가 없으면</u> 자료를 제공하여야 한다.

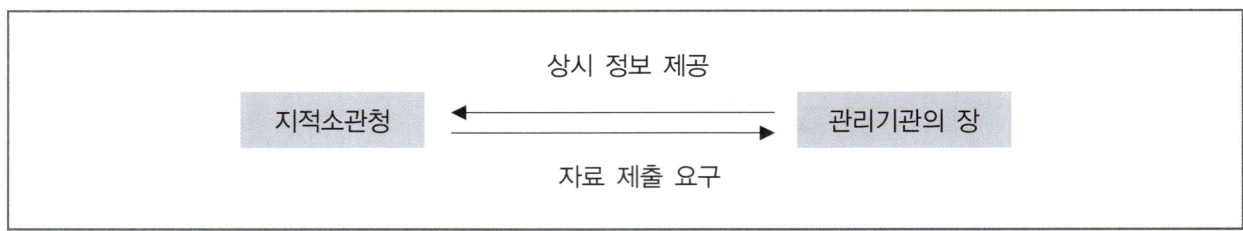

④ 지적소관청은 부동산종합공부의 등록사항 상호 간에 일치하지 아니하는 사항(불일치 등록사항)을 확인 및 관리하여야 한다.

　㉠ <u>지적소관청은 관리하는 기관의 장에게</u> 그 내용을 통지하여 등록사항 정정을 요청할 수 있다.

　㉡ <u>토지소유자는 지적소관청에</u> 그 정정을 신청할 수 있다.

⑤ 지적소관청은 부동산종합공부의 등록사항에 잘못이 있음을 발견하면 직권으로 조사·측량하여 정정할 수 있다.

(2) 열람 및 부동산종합증명서의 발급 신청

부동산종합공부를 열람하거나 부동산종합공부 기록사항의 전부 또는 일부에 관한 증명서(부동산종합증명서)를 발급받으려는 자는 **지적소관청이나 읍·면·동의 장에게** 신청할 수 있다.

🔖 각종 장부의 보관과 공개신청

구 분	보 관	공개신청
(가시적) **지적공부**	지적소관청	해당 지적소관청
정보처리시스템	관할 시·도지사, 시장·군수 또는 구청장	특별자치시장, 시장·군수·구청장 또는 읍·면·동의 장
부동산종합공부	지적소관청	지적소관청 또는 읍·면·동의 장
전국 단위 지적전산자료	–	국토교통부장관, 시·도지사 또는 지적소관청
시·도 단위 지적전산자료	–	시·도지사 또는 지적소관청
시·군·구 단위 지적전산자료	–	지적소관청
지적삼각점측량성과	시·도지사	시·도지사 또는 지적소관청
지적삼각보조점· 지적도근점측량성과	지적소관청	지적소관청

확인문제 ◆

1. 공간정보의 구축 및 관리 등에 관한 법령상 부동산종합공부에 관한 설명으로 틀린 것은? 제32회

① 지적소관청은 「건축법」 제38조에 따른 건축물대장의 내용에서 건축물의 표시와 소유자에 관한 사항(토지에 건축물이 있는 경우만 해당)을 부동산종합공부에 등록하여야 한다.

② 지적소관청은 「부동산등기법」 제48조에 따른 부동산의 권리에 관한 사항을 부동산종합공부에 등록하여야 한다.

③ 지적소관청은 부동산의 효율적 이용과 부동산과 관련된 정보의 종합적 관리·운영을 위하여 부동산종합공부를 관리·운영한다.

④ 지적소관청은 부동산종합공부를 영구히 보존하여야 하며, 부동산종합공부의 멸실 또는 훼손에 대비하여 이를 별도로 복제하여 관리하는 정보관리체계를 구축하여야 한다.

⑤ 부동산종합공부를 열람하려는 자는 지적소관청이나 읍·면·동의 장에게 신청할 수 있으며, 부동산종합공부 기록사항의 전부 또는 일부에 관한 증명서를 발급받으려는 자는 시·도지사에게 신청하여야 한다.

해설 ⑤ 부동산종합공부의 열람이나 증명서의 발급은 모두 공개를 위한 것이고, 공개신청은 지적소관청이나 읍·면·동의 장에게 할 수 있다. 시·도지사가 아니다. ▶정답 ⑤

확인문제 ◆

1. 공간정보의 구축 및 관리 등에 관한 법령상 부동산종합공부에 관한 설명으로 틀린 것은?   제32회

① 지적소관청은 「건축법」 제38조에 따른 건축물대장의 내용에서 건축물의 표시와 소유자에 관한 사항(토지에 건축물이 있는 경우만 해당)을 부동산종합공부에 등록하여야 한다.

② 지적소관청은 「부동산등기법」 제48조에 따른 부동산의 권리에 관한 사항을 부동산종합공부에 등록하여야 한다.

③ 지적소관청은 부동산의 효율적 이용과 부동산과 관련된 정보의 종합적 관리·운영을 위하여 부동산종합공부를 관리·운영한다.

④ 지적소관청은 부동산종합공부를 영구히 보존하여야 하며, 부동산종합공부의 멸실 또는 훼손에 대비하여 이를 별도로 복제하여 관리하는 정보관리체계를 구축하여야 한다.

⑤ 부동산종합공부를 열람하려는 자는 지적소관청이나 읍·면·동의 장에게 신청할 수 있으며, 부동산종합공부 기록사항의 전부 또는 일부에 관한 증명서를 발급받으려는 자는 시·도지사에게 신청하여야 한다.

해설 ⑤ 부동산종합공부의 열람이나 증명서의 발급은 모두 공개를 위한 것이고, 공개신청은 지적소관청이나 읍·면·동의 장에게 할 수 있다. 시·도지사가 아니다.   ▶정답 ⑤

2. 공간정보의 구축 및 관리에 관한 법령상 부동산종합공부의 등록사항에 해당하지 않는 것은?   제33회

① 토지의 이용 및 규제에 관한 사항: 토지이용규제 기본법 제10조에 따른 토지이용계획확인서의 내용

② 건축물의 표시와 소유자에 관한 사항(토지에 건축물이 있는 경우만 해당한다): 건축법 제38조에 따른 건축물대장의 내용

③ 토지의 표시와 소유자에 관한 사항: 공간정보의 구축 및 관리에 관한 법률에 따른 지적공부의 내용

④ 부동산의 가격에 관한 사항: 부동산 가격공시에 관한 법률 제18조에 따른 개별주택가격 및 공동주택가격 공시내용

⑤ 부동산의 효율적 이용과 토지의 작성에 관한 종합적 관리·운영을 위하여 필요한 사항: 국토의 계획 및 이용에 관한 법률 제20조 및 제27조에 따른 토지적성평가서의 내용

해설 ⑤의 지문은 '그 밖에 부동산의 효율적 이용과 부동산과 관련된 정보의 종합적 관리·운영을 위하여 필요한 사항으로서 대통령령으로 정하는 사항'이며, '부동산등기법 제48조가 정하는 부동산의 권리에 관한 사항'이다. 토지적성평가서의 내용이 아니다.   ▶정답 ⑤

---

10. 기타 장부

(1) 일람도

지적소관청이 지적도나 임야도의 배치나 그의 접속관계를 쉽게 알 수 있도록 지번부여지역 단위로 작성한 도면으로 그 도면 축척의 10분의 1로(필요하면 더 줄일 수 있음) 하며, 도면의 장수가 4장 미만이면 일람도를 작성하지 아니할 수 있다.

(2) 지번색인표

지적소관청이 도면번호별로 그 도면에 등록된 지번을 기록한 표이다.

(3) 결번대장

행정구역의 변경, 도시개발사업의 시행, 지번변경, 축척변경, 지번정정 등의 사유로 결번이 생긴 때에 지적소관청이 결번을 등록하여 영구보존하는 장부로서 토지대장과 임야대장을 구별하여 작성한다.

11. 지적정보 전담 관리기구

(1) 지적공부의 효율적인 관리 및 활용을 위하여 <u>국토교통부장관</u>은 지적정보 전담 관리기구를 설치·운영한다.

(2) 국토교통부장관은 ① <u>주</u>민등록전산자료, ② <u>가</u>족관계등록전산자료, ③ <u>공</u>시지가전산자료, ④ <u>부</u>동산등기전산자료 등을 관리하는 기관에 자료를 요청할 수 있으며 ⇨ 요청받은 관리기관의 장은 <u>특별한 사정이 없으면</u> 그 요청을 따라야 한다.

12. 지적공부의 복구

(1) <u>지적소관청</u>은 지적공부의 전부 또는 일부가 멸실·훼손된 때에는 <u>지체 없이</u>(신청 ×, 승인 ×) 지적공부를 복구하여야 한다(정보처리시스템에 따른 지적공부의 경우에는 <u>시·도지사, 시장·군수·구청장</u>이 복구).

(2) 복구자료

토지표시 복구자료	① 지적공부의 <u>등</u>본 ② 측량<u>결</u>과도 ③ 토지이동정리<u>결</u>의서 ④ <u>지적소관청</u>이 작성 또는 발행한 지적공부의 등록내용을 증명하는 서류 **예** 부동산종합증명서 ⑤ 국토교통부장관에 의해 <u>복</u>제된 지적공부 ⑥ 부동산등기부 등본 등 <u>등기</u>사실을 증명하는 서류 ⑦ 확정<u>판결</u>
소유자 복구자료	① 부동산<u>등기</u>부 ⇨ 등기된 부동산 ② 법원의 확정<u>판결</u> ⇨ 미등기 부동산

(3) 복구절차

① 복구자료 조사

② 지적복구자료 조사서(대장 복구시) 및 복구자료도(도면 복구시)를 작성

③ 복구자료도에 따라 측정한 면적과 지적복구자료 조사서의 조사된 면적을 비교

⇨ 면적의 증감이 허용범위 이내이면 : 조사된 면적을 복구면적으로 결정

⇨ 면적증감이 허용범위를 초과하거나 복구자료가 없으면 : 복구측량 실시

↳ **복구측량의 결과가 복구자료와 부합하지 않으면** : 토지소유자 및 이해관계인의 동의를 받아 경계 또는 면적 등을 조정할 수 있다.

④ 복구 전 시·군·구 게시판 및 인터넷 홈페이지에 15일 이상 게시(게시기간 내에 이의신청 가능)

⑤ **지적공부를 복구**

↳ 대장은 복구되고 도면이 복구되지 아니한 토지가 축척변경 시행지역이나 도시개발사업 등의 시행지역에 편입된 때에는 도면을 복구하지 아니할 수 있다.

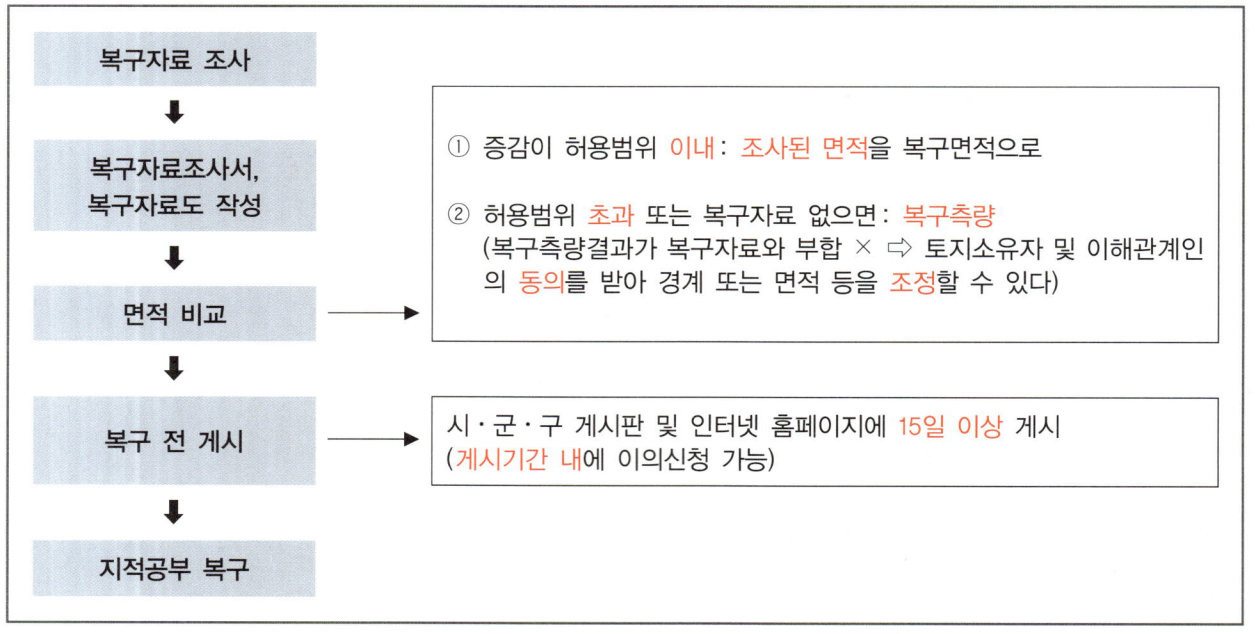

확인문제

1. 공간정보의 구축 및 관리 등에 관한 법령상 지적공부의 복구에 관한 관계 자료가 아닌 것은? 제33회

① 지적측량 의뢰서
② 지적공부의 등본
③ 토지이동정리 결의서
④ 법원의 확정판결서 정본 또는 사본
⑤ 지적소관청이 작성하거나 발행한 지적공부의 등록내용을 증명하는 서류

해설 ① 지적측량 의뢰서는 개인이 작성해서 제출하는 서류에 불과하므로 지적공부의 복구자료가 될 수 없다.
⤷ 복구자료 : 등기부, 확정판결, 등, 결, 결, 소, 복

▶정답 ①

2. 공간정보의 구축 및 관리 등에 관한 법령상 지적공부의 복구에 관한 관계 자료에 해당하는 것을 모두 고른 것은? 제35회

> ㉠ 측량 결과도
> ㉡ 법원의 확정판결서 정본 또는 사본
> ㉢ 토지(건물)등기사항증명서 등 등기사실을 증명하는 서류
> ㉣ 지적소관청이 작성하거나 발행한 지적공부의 등록내용을 증명하는 서류

① ㉠, ㉡   ② ㉡, ㉢   ③ ㉢, ㉣
④ ㉡, ㉢, ㉣   ⑤ ㉠, ㉡, ㉢, ㉣

해설 ⑤ ㉠, ㉡, ㉢, ㉣
⤷ 지적공부의 복구자료는 모두 7개 : 등기부/판결/등/결/결/소/복

▶정답 ⑤

3. 공간정보의 구축 및 관리 등에 관한 법령상 지적공부의 복구 및 복구절차 등에 관한 설명으로 틀린 것은?
제31회

① 지적소관청(정보처리시스템을 통하여 기록·저장한 지적공부의 경우에는 시·도지사, 시장·군수 또는 구청장)은 지적공부의 전부 또는 일부가 멸실되거나 훼손된 경우에는 지체 없이 이를 복구하여야 한다.

② 지적공부를 복구할 때에는 멸실·훼손 당시의 지적공부와 가장 부합된다고 인정되는 관계 자료에 따라 토지의 표시에 관한 사항을 복구하여야 한다. 다만, 소유자에 관한 사항은 부동산등기부나 법원의 확정판결에 따라 복구하여야 한다.

③ 지적공부의 등본, 개별공시지가 자료, 측량신청서 및 측량 준비도, 법원의 확정판결서 정본 또는 사본은 지적공부의 복구자료이다.

④ 지적소관청은 조사된 복구자료 중 토지대장·임야대장 및 공유지연명부의 등록 내용을 증명하는 서류 등에 따라 지적복구자료 조사서를 작성하고, 지적도면의 등록 내용을 증명하는 서류 등에 따라 복구자료도를 작성하여야 한다.

⑤ 복구자료도에 따라 측정한 면적과 지적복구자료 조사서의 조사된 면적의 증감이 오차의 허용범위를 초과하거나 복구자료도를 작성할 복구자료가 없는 경우에는 복구측량을 하여야 한다.

해설 ③ 지적공부의 등본과 법원의 확정판결서 정본 또는 사본은 복구자료이나, 나머지는 복구자료가 아니다. 지적공부의 복구자료는 암기사항이다.   ▶ 정답 ③

---

05 토지이동

토지의 표시를 새로 정하거나 변경 또는 말소하는 것을 말한다.

토지이동 ○	신규등록, 등록전환, 지목변경, 분할, 합병, 등록말소, 축척변경, 등록사항 정정 등
토지이동 ×	소유자, 토지등급, 개별공시지가의 변동 등
측량대상 ○	신규등록, 등록전환, 분할, 축척변경, 토지 일부의 등록말소
측량대상 ×	지목변경, 합병, 토지 전부의 등록말소

1. 신규등록

(1) 소유자가 사유발생일로부터 60일 이내에 지적소관청에 신청 / 벌칙은 없다.

(2) **첨부서류**(소유권증명서류)

① 그 밖에 소유권을 증명할 수 있는 서류의 사본 ② 확정판결서정본 또는 사본 ③ 도시계획구역의 토지를 그 지방자치단체의 명의로 등록하는 때에는 기획재정부 장관과 협의한 문서의 사본 ④ 공유수면매립 준공검사확인증 사본	서류를 해당 지적소관청이 관리하는 경우 ⇨ 지적소관청의 확인으로 그 서류 제출에 갈음할 수 있다. (신규등록, 등록전환, 분할, 지목변경, 등록사항의 정정)

(3) **특징**(아직 미등기이므로)

① 소유자는 지적소관청이 직접 조사·결정하여 등록한다.

② 등기촉탁하지 않는다.

2. 등록전환

(1) 임야대장 및 임야도에 등록된 토지를 토지대장 및 지적도에 옮겨 등록하는 것

(2) **대상토지**(허가·신고 / 대 / 사 / 관)

① 「산지관리법」에 따른 산지전용허가·신고, 산지일시사용허가·신고, 「건축법」에 따른 건축허가·신고 또는 그 밖의 관계 법령에 따른 개발행위허가 등을 받은 경우

② 대부분의 토지가 등록전환되어 나머지 토지를 임야도에 계속 존치하는 것이 불합리한 경우

③ 임야도에 등록된 토지가 사실상 형질변경되었으나 지목변경을 할 수 없는 경우

④ 도시·군관리계획선에 따라 토지를 분할하는 경우

(3) 토지소유자가 사유발생한 날로부터 60일 이내에 지적소관청에 신청 / 벌칙은 없다.

(4) **등록전환될 면적과 종전의 임야대장에 등록된 면적에 차이가 있을 때**

① **허용범위 초과시**: 임야대장의 면적 또는 임야도의 경계를 직권정정 후 등록전환한다.

② **허용범위 이내**: 등록전환될 면적을 등록전환면적으로 결정한다.

확인문제 ·

공간정보의 구축 및 관리 등에 관한 법령상 등록전환을 할 때 임야대장의 면적과 등록전환될 면적의 차이가 오차의 허용범위를 초과하는 경우 처리방법으로 옳은 것은?   제31회

① 지적소관청이 임야대장의 면적 또는 임야도의 경계를 직권으로 정정하여야 한다.

② 지적소관청이 시·도지사의 승인을 받아 허용범위를 초과하는 면적을 등록전환 면적으로 결정하여야 한다.

③ 지적측량수행자가 지적소관청의 승인을 받아 허용범위를 초과하는 면적을 등록전환 면적으로 결정하여야 한다.

④ 지적측량수행자가 토지소유자와 합의한 면적을 등록전환 면적으로 결정하여야 한다.

⑤ 지적측량수행자가 임야대장의 면적 또는 임야도의 경계를 직권으로 정정하여야 한다.

해설 ① 등록전환의 경우에 면적의 차이가 오차허용범위 이내이면 '등록전환될 면적'으로, 오차허용범위 초과이면 임야대장의 면적 또는 임야도의 경계를 '직권정정'한다.   ▶ **정답** ①

---

3. 분 할

⑴ 지적공부에 등록된 1필지를 2필지 이상으로 나누어 등록하는 것을 말한다.

⑵ **대상토지와 신청의무**

신청의무가 없는 경우	신청의무가 있는 경우
① 소유권이전·매매 등을 위하여 필요한 경우 ② 토지이용상 불합리한 지상경계의 시정을 위한 경우 ※ 해당 토지에 대한 분할이 개발행위 허가 등의 대상인 경우 <u>개발행위 허가 등을 받은 이후에 분할</u>을 신청할 수 있다.	<u>1필지의 일부</u>가 형질변경 등으로 용도가 변경된 경우 ↳ 소유자는 용도가 변경된 날부터 <u>60일 이내</u>에 지적소관청에 분할신청을 하여야 한다(<u>지목변경신청을 함께</u> 하여야 한다). 위반해도 벌칙은 없다.

⑶ **분할처리 절차**

분할 전후 면적에 차이가 있을 때

① **허용범위 이내인 경우** : 오차를 분할 후의 각 필지의 면적에 따라 나눈다.

② **허용범위 초과한 경우** : 지적공부상의 면적 또는 경계를 정정한다.

4. 합 병

⑴ 지적공부에 등록된 2필지 이상의 토지를 1필지로 합하여 등록하는 것을 말한다.

⑵ 대상토지

원 칙	토지소유자가 원할 때 합병
예 외 (신청의무)	① 「주택법」에 따른 공동주택 부지 ② 학교용지 · 철도용지 · 수도용지 · 유지 · 도로 · 구거 · 제방 · 하천 · 체육용지 · 공원 · 공장 용지 등으로서 합병하여야 할 토지가 있는 때 ➡ 토지소유자는 사유발생일로부터 60일 이내에 지적소관청에 신청하여야 한다. 위반하 여도 벌칙은 없다.

⑶ 합병할 수 없는 경우

1. 각 필지가 서로 연접하지 않은 경우	
2. 지번부여지역이 다른 경우	
3. 지목이 다른 경우	합병하고자 하는 각 필지의 지목은 같으나 일부 토지의 용도가 다르게 되어 분할 대상인 토지인 경우 합병 불가능 ➡ 다만, 합병신청과 동시에 토지의 용도에 따라 분할신청을 하는 경우에는 합병 가능
4. 소유자가 다른 경우	합병대상 토지의 소유자별 공유지분이나 주소가 다른 경우 합병 불가능
5. 축척이 다른 경우	합병하고자 하는 토지가 구획정리 · 경지정리 또는 축척변경 시행지역 안의 토지 와 그 지역 밖의 토지인 경우 합병 불가능
6. 등기된 토지와 등기되지 아니한 토지인 경우	
7. 소유권 · 지상권 · 전세권 · 임차권 · 승역지 지역권등기 외의 등기가 있는 경우	
8. 합병하려는 토지 전부에 등기원인 및 그 연월일과 접수번호가 동일한 저당권(창설적 공동저당)의 등기 외의 등기가 있는 경우	
9. 합병하려는 토지 전부에 대한 등기사항이 동일한 신탁등기 외의 등기가 있는 경우	

⑷ 합병 전의 경계 또는 좌표 중 필요없는 부분을 말소하고 면적은 합병 전의 각 필지의 면적을 합산하 여 합병 후 새로운 면적으로 한다. ➡ 즉, 지적측량을 하지 않는다.

확인문제 •

1. 공간정보의 구축 및 관리 등에 관한 법령상 토지의 합병 및 지적공부의 정리 등에 관한 설명으로 틀린 것은? 제30회

① 합병에 따른 면적은 따로 지적측량을 하지 않고 합병 전 각 필지의 면적을 합산하여 합병 후 필지의 면적으로 결정한다.

② 토지소유자가 합병 전의 필지에 주거 · 사무실 등의 건축물이 있어서 그 건축물이 위치한 지번을 합병 후의 지번으로 신청할 때에는 그 지번을 합병 후의 지번으로 부여하여야 한다.

③ 합병에 따른 경계는 따로 지적측량을 하지 않고 합병 전 각 필지의 경계 중 합병으로 필요 없게 된 부분을 말소하여 합병 후 필지의 경계로 결정한다.

④ 지적소관청은 토지소유자의 합병신청에 의하여 토지의 이동이 있는 경우에는 지적공부를 정리하여야 하며, 이 경우에는 토지이동정리 결의서를 작성하여야 한다.

⑤ 토지소유자는 도로, 제방, 하천, 구거, 유지의 토지로서 합병하여야 할 토지가 있으면 그 사유가 발생한 날부터 90일 이내에 지적소관청에 합병을 신청하여야 한다.

해설 ⑤ 신규등록, 등록전환, 지목변경은 사유발생일로부터 60일 이내에 신청의무가 있고, 분할과 합병은 신청의무가 원칙적으로는 없으나 신청의무가 있는 예외에 해당할 때 사유발생일로부터 60일 이내에 신청의무가 있다. 바다로 된 토지의 등록말소는 지적소관청의 통지를 받은 날부터 90일 이내에 신청하여야 한다. ▶정답 ⑤

2. 공간정보의 구축 및 관리 등에 관한 법령상 합병 신청을 할 수 없는 경우에 관한 내용으로 틀린 것은? (단, 다른 조건은 고려하지 아니함) 제35회

① 합병하려는 토지의 지목이 서로 다른 경우

② 합병하려는 토지의 소유자별 공유지분이 다른 경우

③ 합병하려는 토지의 지번부여지역이 서로 다른 경우

④ 합병하려는 토지의 소유자에 대한 소유권이전등기 연월일이 서로 다른 경우

⑤ 합병하려는 토지의 지적도 축척이 서로 다른 경우

해설 ④ 토지를 합병하려면 합병하려는 토지가 연접하고 지/지/소/축/등이 동일하여야 한다.
소유자가 동일하면 되고, 각 토지의 소유권 취득일자가 동일하여야 하는 것은 아니므로 소유권이전등기 연월일이 서로 달라도 합병할 수 있다. ▶정답 ④

---

5. 지목변경

(1) 지적공부에 등록된 지목을 다른 지목으로 바꾸어 등록하는 것을 말한다.

(2) 대상토지

① 「국토의 계획 및 이용에 관한 법률」 등 관계법령에 따른 토지의 형질변경 등의 공사가 준공된 토지

② 토지 또는 건축물의 용도가 변경된 토지

③ 도시개발사업 등의 원활한 사업추진을 위하여 사업시행자가 공사 준공 전이라도 토지의 합병을 신청하는 경우

(3) 토지소유자는 사유발생일로부터 60일 이내에 지적소관청에 신청하여야 한다. 위반하여도 벌칙은 없다.

(4) ① 개발행위허가·농지전용허가·보전산지전용허가 등 지목변경과 관련된 규제를 받지 않는 토지의 지목변경이나, ② 전·답·과수원 상호간의 지목변경인 경우에는 지목변경과 관련된 증명서류의 첨부를 생략할 수 있다.

　⇨ 지목변경의 증명서류를 해당 지적소관청이 관리하는 경우에는 지적소관청의 확인으로 그 서류의 제출을 갈음할 수 있다.

(5) 지적측량의 대상이 아니다.

6. (바다로 된 토지의) **등록말소**

(1) 지적공부에 등록된 토지가 바다로 된 경우로서 원상으로 회복할 수 없거나 다른 지목의 토지로 될 가능성이 없는 때에 등록사항을 말소하는 것

　① **1필지의 일부가 바다로 된 경우**: 측량 ○

　② **1필지의 전부가 바다로 된 경우**: 측량 ✕

(2) 지적소관청은 토지소유자에게 등록말소를 신청하도록 통지하여야 하며, 토지소유자가 통지받은 날로부터 90일 이내에 말소신청을 하지 않으면, 지적소관청이 직권으로 말소하여야 한다(⇨ 위반하여도 과태료 등 벌칙 없음).

(3) 말소한 토지가 지형의 변화 등으로 다시 토지로 된 경우, 지적소관청은 관계자료에 따라 회복등록을 할 수 있고 (소유자의 신청 필요 없음), 회복등록을 하려면 그 지적측량성과 및 등록말소 당시의 지적공부 등 관계 자료에 따라야 한다.

(4) **직권으로 등록말소를 하거나 회복등록을 한 지적소관청은 토지소유자 및 해당 공유수면관리청에** 통지하여야 한다.

(5) 지적소관청은 등록말소를 한 후 등기촉탁을 한다.

확인문제 •

공간정보의 구축 및 관리 등에 관한 법령상 지적공부에 등록된 토지가 지형의 변화 등으로 바다로 된 토지의 등록말소 및 회복 등에 관한 설명으로 틀린 것은? 제30회

① 지적소관청은 지적공부에 등록된 토지가 지형의 변화 등으로 바다로 된 경우로서 원상으로 회복될 수 없는 경우에는 지적공부에 등록된 토지소유자에게 지적공부의 등록말소 신청을 하도록 통지하여야 한다.

② 지적소관청은 바다로 된 토지의 등록말소 신청에 의하여 토지의 표시 변경에 관한 등기를 할 필요가 있는 경우에는 지체 없이 관할 등기관서에 그 등기를 촉탁하여야 한다.

③ 지적소관청이 직권으로 지적공부의 등록사항을 말소한 후 지형의 변화 등으로 다시 토지가 된 경우에 토지로 회복등록을 하려면 그 지적측량성과 및 등록말소 당시의 지적공부 등 관계 자료에 따라야 한다.

④ 지적소관청으로부터 지적공부의 등록말소 신청을 하도록 통지를 받은 토지소유자가 통지를 받은 날부터 60일 이내에 등록말소 신청을 하지 아니하면, 지적소관청은 직권으로 그 지적공부의 등록사항을 말소하여야 한다.

⑤ 지적소관청이 직권으로 지적공부의 등록사항을 말소하거나 회복등록하였을 때에는 그 정리 결과를 토지소유자 및 해당 공유수면의 관리청에 통지하여야 한다.

해설 ④ (바다로 된 토지의) 등록말소의 신청은 토지소유자가 지적소관청의 통지를 받은 날부터 90일 이내이다.

▶정답 ④

7. 축척변경

(1) 작은 축척의 지적도를 큰 축척의 지적도로 변경하여 등록하는 것을 말한다(임야도에서는 축척변경 ×).

(2) 대상토지

토지소유자의 신청 또는 지적소관청의 직권으로 축척변경을 할 수 있다(신청할 때에는 토지소유자 2/3 이상의 동의서를 첨부하여야 함).

대 상	절 차	특이사항
① 1필지의 규모가 작아서 지적측량의 성과의 결정이나 토지의 이동에 따른 정리가 곤란한 때 ② 하나의 지번부여지역에 서로 다른 축척의 지적도가 있는 때 ③ 그 밖에 지적공부를 관리하기 위하여 필요하다고 인정되는 경우	소유자 2/3 이상 동의 ⇩ 축척변경위원회 의결 ⇩ 시·도지사 또는 대도시 시장의 승인	① 지적소관청은 각 필지별 지번·지목·면적·경계 또는 좌표를 새로 정한다. ② 시·도지사 또는 대도시 시장은 행정정보의 공동이용을 통하여 축척변경 대상지역의 지적도를 확인하여야 한다.
① 합병하고자 하는 토지가 축척이 다른 지적도에 각각 등록되어 있어 축척변경하는 경우 ② 도시개발사업 등의 시행지역에 있는 토지로서 그 사업 시행에서 제외된 토지의 축척변경을 하는 경우	의결 및 승인 없이 축척변경을 할 수 있다.	면적만 새로 정한다.

(3) 절 차

소유자 2/3 이상 동의	신청시에는 소유자 2/3 이상 동의서 첨부
축척변경위원회 의결	위원 과반수 출석 + 출석 과반수 찬성
시·도지사 또는 대도시 시장의 승인	[참고] 축척변경 + (지적공부) 반출 + 지번변경
축/변 시행공고	승인 후 지체없이 20일 이상 공고
경계점표지 설치	공고일부터 30일 이내 설치 (소유자 또는 점유자)
축/변 측량	경계점표지를 기준으로 새로운 축척에 따라 측량
토지표시 결정	지적소관청은 각 필지별 지번·지목·면적·경계 또는 좌표를 새로 정함
지번별 조서 작성	면적변동사항 작성 (시행공고일 현재의 지적공부상의 면적과 측량 후의 면적을 비교)
토지가격 조사	지적소관청이 시행공고일 현재를 기준으로 지번별 m²당 금액을 조사하여 '지번별 제곱미터당 금액조서' 제출하고, 축척변경위원회의 의결 거쳐 결정
창산금 조서 작성	지번별 조서에 필지별 청산금 명세를 적은 것
청산금 공고	15일 이상 공고
납부고지, 수령통지	공고일부터 20일 이내 • 이의제기 : 1개월 이내 지적소관청에 신청 • 이의에 대한 심의·의결 : 1개월 이내 축척변경위원회에서 함 • 납부 : 납부고지받은 날로부터 6개월 이내 • 수령 : 수령통지를 한 날로부터 6개월 이내
축/변 확정공고	청산금의 지급 및 납부가 완료된 때 지체없이 확정공고 (확정공고일에 토지이동이 있는 것으로 본다)
지적공부 등록	확정공고 후 지체없이 지적공부에 등록
등기 촉탁	지적공부에 등록 후 지체없이 관할 등기소에 등기촉탁

🔖 축척변경 관련 사항

시행공고사항 (**목기지/청산/계획/협조**)	① 축척변경의 **목**적, 시행**기**간 및 시행**지**역 ② 축척변경의 시행에 따른 **청산**방법 ③ 축척변경의 시행에 관한 세부**계획** ④ 축척변경의 시행에 따른 토지소유자 등의 **협조**에 관한 사항
확정공고사항 (청조는 지조가 축/소되어 있음을 확정공고 하노라)	① 토지의 소재 및 지역명 ② 축척변경 지번별 조서 ③ 청산금 조서 ④ 지적도의 축척
축척변경에 따라 확정된 사항을 지적공부에 등록하는 기준	① 토지대장은 확정공고된 축척변경 지번별 조서에 따르고, ② 지적도는 확정측량 결과도 또는 경계점좌표에 따른다.

확인문제

1. 공간정보의 구축 및 관리 등에 관한 법령상 축척변경 신청에 관한 설명이다. (　)에 들어갈 내용으로 옳은 것은?　제33회

> 축척변경을 신청하는 토지소유자는 축척변경 사유를 적은 신청서에 축척변경 시행지역의 토지소유자 (　)의 동의서를 첨부하여 지적소관청에 제출하여야 한다.

① 2분의 1 이상　② 3분의 2 이상　③ 4분의 1 이상　④ 5분의 2 이상　⑤ 5분의 3 이상

해설 ② 축척변경에 대한 소유자의 동의는 3분의 2 이상이다.　▶정답 ②

2. 공간정보의 구축 및 관리 등에 관한 법령상 축척변경에 관한 설명으로 틀린 것은? (단, 축척변경 시행공고지역으로 한정함)　제36회

① 축척변경에 관한 사항을 심의·의결하기 위하여 지적소관청에 축척변경위원회를 둔다.
② 축척변경위원회의 위원장은 위원 중에서 지적소관청이 지명한다.
③ 지적소관청은 청산금의 결정을 공고한 날부터 20일 이내에 토지소유자에게 청산금의 납부고지 또는 수령통지를 하여야 한다.
④ 지적소관청은 청산금의 납부 및 지급이 완료되었을 때에는 지체 없이 청산금 조서를 작성하여야 한다.
⑤ 지적소관청은 축척변경에 관한 측량을 완료하였을 때에는 시행공고일 현재의 지적공부상의 면적과 측량 후의 면적을 비교하여 그 변동사항을 표시한 축척변경 지번별 조서를 작성하여야 한다.

해설 ④ 청산금조서는 축척변경측량의 결과 면적의 변동사항을 알고 토지의 가격조사가 끝난 후 청산할 금액이 정해지면 청산금공고를 하기 전에 작성하는 서류이다.

시행령 제78조【축척변경의 확정공고】 ① 청산금의 납부 및 지급이 완료되었을 때에는 지적소관청은 지체 없이 축척변경의 확정공고를 하여야 한다.

▶정답 ④

3. 공간정보의 구축 및 관리 등에 관한 법령상 축척변경에 관한 설명으로 옳은 것은? 제35회

① 도시개발사업 등의 시행지역에 있는 토지로서 그 사업시행에서 제외된 토지의 축척변경을 하는 경우 축척변경위원회의 심의 및 시·도지사 또는 대도시 시장의 승인을 받아야 한다.

② 지적소관청은 시·도지사 또는 대도시 시장으로부터 축척변경 승인을 받았을 때에는 지체 없이 축척변경의 목적, 시행지역 및 시행기간, 축척변경의 시행에 관한 세부계획, 축척변경의 시행에 따른 청산금액의 내용, 축척변경의 시행에 따른 토지소유자 등의 협조에 관한 사항을 15일 이상 공고하여야 한다.

③ 지적소관청은 축척변경에 관한 측량을 한 결과 측량 전에 비하여 면적의 증감이 있는 경우에는 그 증감면적에 대하여 청산을 하여야 한다. 다만, 토지소유자 3분의 2 이상이 청산하지 아니하기로 합의하여 서면으로 제출한 경우에는 그러하지 아니하다.

④ 지적소관청은 청산금을 내야 하는 자가 납부고지를 받은 날부터 1개월 이내에 청산금에 관한 이의신청을 하지 아니하고, 고지를 받은 날부터 3개월 이내에 지적소관청에 청산금을 내지 아니하면 「지방행정제재·부과금의 징수 등에 관한 법률」에 따라 징수할 수 있다.

⑤ 청산금의 납부 및 지급이 완료되었을 때에는 지적소관청은 지체 없이 축척변경의 확정공고를 하여야 하며, 확정공고 사항에는 토지의 소재 및 지역명, 축척변경 지번별 조서, 청산금 조서, 지적도의 축척이 포함되어야 한다.

해설 ① 사업시행에서 제외된 토지의 축척변경은 축척변경위원회의 심의 및 시·도지사 또는 대도시 시장의 승인을 받을 필요 없다.

② 축척변경의 시행공고는 20일 이상 하여야 한다.

③ 토지소유자 '전원'이 청산하지 아니하기로 합의하여 서면으로 제출한 경우에는 청산하지 아니한다.

④ 지적소관청은 청산금을 내야 하는 자가 납부고지를 받은 날부터 1개월 이내에 청산금에 관한 이의신청을 하지 아니하고, 고지를 받은 날부터 '6개월 이내'에 지적소관청에 청산금을 내지 아니하면 「지방행정제재·부과금의 징수 등에 관한 법률」에 따라 징수할 수 있다. ▶**정답** ⑤

(4) 축척변경측량의 결과 증감면적에 대하여는 청산을 하여야 한다.

➡ **예외**: ① 증감면적의 차이가 허용범위 이내인 경우(단, 축척변경위원회의 의결이 있는 경우는 청산)
　　　　② 소유자 전원이 청산하지 아니하기로 합의하여 서면으로 제출한 경우

(5) ① 지적소관청은 청산금을 지급받을 자가 행방불명 등으로 받을 수 없거나 받기를 거부할 때에는 그 청산금을 공탁할 수 있고, 청산금을 내야 하는 자가 1개월 이내에 청산금에 관한 이의신청을 하지 아니하고 6개월 이내에 청산금을 내지 아니하면 「지방행정제재·부과금의 징수 등에 관한 법률」에 따라 징수할 수 있다.

② 청산금에 차액이 있는 경우, 초과액은 그 지방자치단체의 수입으로 하고, 부족액은 그 지방자치단체가 부담한다.

⑹ 기타 관련 절차

① **절차의 정지** : 축척변경 시행기간 중에는 지적공부정리와 경계복원측량(경계점표지의 설치를 위한 경계복원측량은 제외한다)을 축척변경 확정공고일까지 정지하여야 한다. 다만, 축척변경위원회의 의결이 있는 경우에는 그러하지 아니하다.

② 면적의 오차가 허용범위 이내인 경우에는 축척변경 전의 면적을 결정면적으로 하고, 허용면적을 초과하는 경우에는 축척변경 후의 면적을 결정면적으로 한다.

⑺ 축척변경위원회

구 성	① 지적소관청에 축척변경위원회를 둔다. ② 5명 이상 10명 이하의 위원으로 구성한다(2분의 1 이상을 토지소유자로). ③ 토지소유자가 5명 이하이면 전원을 위원으로 위촉한다.
위 원	다음의 사람 중에서 지적소관청이 위촉한다. 위원장은 위원 중에서 지적소관청이 지명한다. ① 해당 축척변경 시행지역의 토지소유자로서 지역 사정에 정통한 사람 ② 지적에 관하여 전문지식을 가진 사람
의결사항	① 축척변경 시행계획에 관한 사항 ② 지번별 제곱미터당 금액의 결정과 청산금의 산정에 관한 사항 ③ 청산금의 이의신청에 관한 사항 ④ 그 밖에 축척변경과 관련하여 지적소관청이 회의에 부치는 사항
운영 (회의)	① 지적소관청이 축척변경위원회에 안건을 회부하거나 위원장이 필요하다고 인정할 때에 위원장이 소집한다. ② 회의는 위원장을 포함한 재적위원 과반수의 출석으로 개의하고, 출석위원 과반수의 찬성으로 의결한다. ③ 위원장이 회의를 소집할 때에는 회의일시·장소 및 심의안건을 회의 개최 5일 전까지 각 위원에게 서면으로 통지하여야 한다. ④ 축척변경위원회의 위원에게는 예산의 범위에서 출석수당과 여비, 그 밖의 실비를 지급할 수 있다. 다만, 공무원인 위원이 그 소관 업무와 직접적으로 관련되어 출석하는 경우에는 그러하지 아니하다.

확인문제 •

1. 공간정보의 구축 및 관리 등에 관한 법령상 축척변경에 관한 설명으로 틀린 것은?   제33회

① 축척변경에 관한 사항을 심의·의결하기 위하여 지적소관청에 축척변경위원회를 둔다.

② 축척변경위원회의 위원장은 위원 중에서 지적소관청이 지명한다.

③ 지적소관청은 축척변경에 관한 측량을 완료하였을 때에는 축척변경 신청일 현재의 지적공부상의 면적과 측량 후의 면적을 비교하여 그 변동사항을 표시한 토지이동현황 조사서를 작성하여야 한다.

④ 지적소관청은 청산금의 결정을 공고한 날부터 20일 이내에 토지소유자에게 청산금의 납부고지 또는 수령통지를 하여야 한다.

⑤ 청산금의 납부 및 지급이 완료되었을 때에는 지적소관청은 지체 없이 축척변경의 확정공고를 하여야 한다.

해설 ③ 면적의 증감은 '시행공고일 현재'의 지적공부상의 면적과 측량 후의 면적을 비교하며, 면적의 변동사항을 표시한 '지번별 조서'를 작성하여야 한다.   ▶**정답** ③

2. 공간정보의 구축 및 관리 등에 관한 법령상 축척변경위원회의 구성과 회의 등에 관한 설명으로 옳은 것을 모두 고른 것은?   제30회

> ㉠ 축척변경위원회의 회의는 위원장을 포함한 재적위원 과반수의 출석으로 개의하고, 출석위원 과반수의 찬성으로 의결한다.
>
> ㉡ 축척변경위원회는 5명 이상 15명 이하의 위원으로 구성하되, 위원의 3분의 2 이상을 토지소유자로 하여야 한다. 이 경우 그 축척변경 시행지역의 토지소유자가 5명 이하일 때에는 토지소유자 전원을 위원으로 위촉하여야 한다.
>
> ㉢ 위원은 해당 축척변경 시행지역의 토지소유자로서 지역 사정에 정통한 사람과 지적에 관하여 전문지식을 가진 사람 중에서 지적소관청이 위촉한다.

① ㉠   ② ㉡   ③ ㉠, ㉢
④ ㉡, ㉢   ⑤ ㉠, ㉡, ㉢

해설 ㉡ 5명 이상 10명 이하의 위원으로 구성하되, 위원의 2분의 1 이상을 토지소유자로 하여야 한다.   ▶**정답** ③

8. 행정구역의 명칭이 변경되었으면 지적공부에 등록된 토지의 소재는 새로운 행정구역의 명칭으로 변경된 것으로 본다.

구 분	측량여부	신청의무와 기간	벌 칙
신규등록	○	사유발생일로부터 60일 이내	없음. 단, 거짓신청의 경우 1년 이하의 징역 또는 1천만원 이하의 벌금
등록전환	○	사유발생일로부터 60일 이내	
분 할	○	원칙: 신청의무 ✕	
		예외: 용도가 변경된 날부터 60일 이내 ⇨ 1필지 일부의 형질변경 등으로 인한 용도 변경	
합 병	✕	원칙: 신청의무 ✕	
		예외: 사유발생일로부터 60일 이내 ⇨ 공동주택 부지, 학교용지 등 11개 지목	
지목변경	✕	사유발생일로부터 60일 이내	
바다로 된 토지의 등록말소	△ • 전부 ⇨ ✕ • 일부 ⇨ ○	지적소관청의 통지를 받은 날부터 90일 이내	
축척변경	○	✕	

※ 묶음정리

> 지적소관청이 시·도지사 또는 대도시 시장의 승인을 받아야 하는 것
> ① **축**척변경
> ② (지적공부의) **반**출
> ③ **지**번변경

넓혀 보기 **면적의 증감 처리방법**

구 분	오차허용범위 이내인 경우	오차허용범위 초과한 경우
분 할	오차를 분할 후 각 필지의 면적에 따라 나눔	지적공부상의 면적 또는 경계를 (직권)정정함
등록전환	등록전환될 면적을 등록전환면적으로 결정	임야대장의 면적 또는 임야도의 경계를 직권으로 정정
축척변경	축척변경 전의 면적을 결정면적으로 함	축척변경 후의 면적을 결정면적으로 함

1. 경계점좌표등록부가 없는 지역을 경계점좌표등록부를 비치하는 지역으로 축척변경하는 경우
   ⇨ 그 필지의 경계점을 평판측량방법이나 전자평판측량방법으로 지상에 복원시킨 후 경위의측량방법 등으로 경계점좌표를 구한다.

2. 경계점좌표등록부가 있는 지역의 토지분할을 위하여 면적을 정할 때
   ① 분할 후 각 필지의 면적합계가 분할 전 면적보다 많은 경우
      ⇨ 구하려는 끝자리의 다음 숫자가 작은 것부터 순차적으로 버려서 정하되, 분할 전 면적에 증감이 없도록 할 것
   ② 분할 후 각 필지의 면적합계가 분할 전 면적보다 적은 경우
      ⇨ 구하려는 끝자리의 다음 숫자가 큰 것부터 순차적으로 올려서 정하되, 분할 전 면적에 증감이 없도록 할 것

06 토지이동의 신청

원 칙	토지소유자가 신청
대위신청 (등록사항정정 대상토지 ⇨ 대위신청 불가능)	① (공공)사업시행자 ⇨ 공공사업 등으로 인하여 학교용지·철도용지·수도용지·유지·도로·구거·제방·하천 등의 지목으로 되는 토지 ② 채권자 ⇨ 채무자가 하여야 할 토지이동 신청 ③ 토지를 관리하는 행정기관의 장 또는 지방자치단체의 장 ⇨ 국가 또는 지방자치단체가 취득하는 토지 ④ 공동주택의 관리인(관리인이 없는 경우 공유자가 선임한 대표자) 또는 사업시행자 ⇨ 「주택법」에 따른 공동주택의 부지
도시개발사업 등 시행지역	사업시행자만 신청 가능 (소유자도 신청 ×)

1. 도시개발사업 등에 따른 토지이동

(1) **토지이동 신청** : 해당 사업시행자가 지적소관청에 신청하여야 한다.

↳ **토지의 소유자**가 해당 토지의 이동을 원하는 경우 ⇨ 해당 **사업의 시행자**에게 그 토지의 이동을 **신청하도록 요청**하여야 하며, 요청을 받은 시행자는 해당 사업에 지장이 없다고 판단되면 지적소관청에 그 이동을 신청하여야 한다.

(2) **사업의 착수 · 변경 · 완료 사실의 신고** : 사업시행자가 그 사유발생일로부터 **15일 이내**에 지적소관청에 신고하여야 한다.

(3) 토지의 형질변경 등의 **공사가 준공된 때**에 토지의 이동이 이루어진 것으로 본다.

(4) **기 타**

① **주택건설사업 시행자가 파산한 경우** ⇨ 그 **주택시공을 보증한 자** 또는 **입주예정자** 등이 토지의 이동을 신청할 수 있다.

② 당해 사업이 **환지를 수반**하는 경우에는 그 **사업의 완료 신고로써 토지이동 신청에 갈음**할 수 있으며, 이 경우 사업완료 신고서에 토지의 이동신청을 갈음한다는 뜻을 적어야 한다.

확인문제

1. 공간정보의 구축 및 관리 등에 관한 법령상 도시개발사업 등 시행지역의 토지이동 신청에 관한 특례의 설명으로 **틀린** 것은? 제30회

① 「도시개발법」에 따른 도시개발사업의 착수를 지적소관청에 신고하려는 자는 도시개발사업 등의 착수(시행) · 변경 · 완료 신고서에 사업인가서, 지번별 조서, 사업계획도를 첨부하여야 한다.

② 「농어촌정비법」에 따른 농어촌정비사업의 사업시행자가 지적소관청에 토지의 이동을 신청한 경우 토지의 이동은 토지의 형질변경 등의 공사가 착수(시행)된 때에 이루어진 것으로 본다.

③ 「도시 및 주거환경정비법」에 따른 정비사업의 착수 · 변경 또는 완료 사실의 신고는 그 사유가 발생한 날부터 15일 이내에 하여야 한다.

④ 「주택법」에 따른 주택건설사업의 시행자가 파산 등의 이유로 토지의 이동 신청을 할 수 없을 때에는 그 주택의 시공을 보증한 자 또는 입주예정자 등이 신청할 수 있다.

⑤ 「택지개발촉진법」에 따른 택지개발사업의 사업시행자가 지적소관청에 토지의 이동을 신청한 경우 신청대상 지역이 환지를 수반하는 경우에는 지적소관청에 신고한 사업완료 신고로써 이를 갈음할 수 있다. 이 경우 사업완료신고서에 택지개발 사업시행자가 토지의 이동 신청을 갈음한다는 뜻을 적어야 한다.

해설 ② 도시개발사업 등 각종의 토지개발사업은 토지의 형질변경 등의 공사가 '준공'된 때에 토지이동이 이루어진 것으로 본다. ▶정답 ②

2. 다음은 공간정보의 구축 및 관리 등에 관한 법령상 도시개발사업 등 시행지역의 토지이동 신청 특례에 관한 설명이다. ( )에 들어갈 내용으로 옳은 것은? 제31회

> • 「도시개발법」에 따른 도시개발사업, 「농어촌정비법」에 따른 농어촌정비사업 등의 사업시행자는 그 사업의 착수·변경 및 완료 사실을 (㉠)에(게) 신고하여야 한다.
> • 도시개발사업 등의 착수·변경 또는 완료 사실의 신고는 그 사유가 발생한 날부터 (㉡) 이내에 하여야 한다.

① ㉠: 시·도지사, ㉡: 15일
② ㉠: 시·도지사, ㉡: 30일
③ ㉠: 시·도지사, ㉡: 60일
④ ㉠: 지적소관청, ㉡: 15일
⑤ ㉠: 지적소관청, ㉡: 30일

해설 ④ 도시개발사업 등 각종의 토지개발사업의 시행자는 그 사업의 착수·변경 및 완료 사실을 그 사유가 발생한 날부터 15일 이내에 지적소관청에 신고하여야 한다. ▶정답 ④

07 등록사항의 정정

규칙 제94조【등록사항 정정 대상토지의 관리 등】 ① 지적소관청은 토지의 표시가 잘못되었음을 발견하였을 때에는 ~ 대장의 사유란에 "등록사항정정 대상토지"라고 적고, 토지소유자에게 등록사항 정정 신청을 할 수 있도록 그 사유를 통지하여야 한다. 다만, ~ 지적소관청이 직권으로 정정할 수 있는 경우에는 토지소유자에게 통지를 하지 아니할 수 있다.
② 제1항에 따른 등록사항 정정 대상토지에 대한 대장을 열람하게 하거나 등본을 발급하는 때에는 "등록사항 정정 대상토지"라고 적은 부분을 흑백의 반전(反轉)으로 표시하거나 붉은색으로 적어야 한다.

확인문제

다음은 공간정보의 구축 및 관리 등에 관한 법령상 등록사항 정정 대상토지에 대한 대장의 열람 또는 등본의 발급에 관한 설명이다. ( )에 들어갈 내용으로 옳은 것은? 제31회

> 지적소관청은 등록사항 정정 대상토지에 대한 대장을 열람하게 하거나 등본을 발급하는 때에는 (㉠)라고 적은 부분을 흑백의 반전(反轉)으로 표시하거나 (㉡)(으)로 적어야 한다.

① ㉠: 지적불부합지, ㉡: 붉은색
② ㉠: 지적불부합지, ㉡: 굵은 고딕체
③ ㉠: 지적불부합지, ㉡: 담당자의 자필(自筆)
④ ㉠: 등록사항 정정 대상토지, ㉡: 붉은색
⑤ ㉠: 등록사항 정정 대상토지, ㉡: 굵은 고딕체

해설 ④ 등록사항 정정 대상토지라는 사항은 중요하므로 흑백의 반전이나 붉은색으로 눈에 띄게 적어야 한다.
▶정답 ④

1. 토지표시에 관한 사항의 정정

(1) 소유자의 신청 정정(신청사유제한 없음)

① **토지의 경계 변경이 있는 경우** : ㉠ 등록사항정정 측량성과도 + ㉡ 이해관계인(인접토지소유자)의 승낙서 또는 이에 대항할 수 있는 확정판결서 정본 첨부

② **토지의 면적 변경이 있는 경우 첨부서류** : 등록사항정정 측량성과도 첨부

③ **기타 등록사항 정정의 경우** : 변경사항을 확인하는 서류

신규등록, 등록전환, 분할 신청시	⇨	측량성과도 첨부 ×
토지의 경계나 면적의 정정 신청시	⇨	(등록사항정정) 측량성과도 첨부 ○

(2) 직권 정정(법정사유로 제한)

경계 또는 면적 등 측량을 수반하는 토지의 표시가 잘못된 경우에는 지적소관청은 그 정정이 완료될 때까지 지적측량을 정지할 수 있다. 다만, 잘못 표시된 사항의 정정을 위한 지적측량은 가능하다.

핵 심 다지기 직권정정사유

1. 토지이동정리 결의서의 내용과 다르게 정리된 경우
2. 지적측량성과와 다르게 정리된 경우
3. 지적도 및 임야도에 등록된 필지가 면적의 증감 없이 경계의 위치만 잘못된 경우
4. 1필지가 각각 다른 지적도나 임야도에 등록되어 있는 경우로서 지적공부에 등록된 면적과 측량한 실제면적은 일치하지만 지적도나 임야도에 등록된 경계가 서로 접합되지 않아 지적도나 임야도에 등록된 경계를 지상의 경계에 맞추어 정정하여야 하는 토지가 발견된 경우
5. 지적공부의 작성 또는 재작성 당시 잘못 정리된 경우
6. 지적공부의 등록사항이 잘못 입력된 경우
7. 지적위원회의 의결서에 따라 지적공부의 등록사항을 정정하여야 하는 경우
8. 면적 환산이 잘못된 경우
9. 「부동산등기법」에 따른 토지합필등기신청의 각하통지가 있는 경우(**지적소관청의 착오로 잘못 합병한 경우만 해당**한다)

확인문제 •

1. 공간정보의 구축 및 관리 등에 관한 법령상 지적소관청이 지적공부의 등록사항에 잘못이 있는지를 직권으로 조사·측량하여 정정할 수 있는 경우를 모두 고른 것은? 제30회

ㄱ 지적공부의 작성 또는 재작성 당시 잘못 정리된 경우
ㄴ 지적도에 등록된 필지의 경계가 지상 경계와 일치하지 않아 면적의 증감이 있는 경우
ㄷ 측량 준비 파일과 다르게 정리된 경우
ㄹ 지적공부의 등록사항이 잘못 입력된 경우

① ㄷ   ② ㄹ   ③ ㄱ, ㄹ
④ ㄴ, ㄷ   ⑤ ㄱ, ㄷ, ㄹ

해설 ㄴ 면적의 증감이 있는 경우에는 직권정정할 수 없다.
ㄷ 직권정정 사유는 법정사유로 제한되는데, 'ㄷ'의 사유는 해당 법정사유가 아니다. ▶정답 ③

2. 공간정보의 구축 및 관리 등에 관한 법령상 지적소관청이 지적공부의 등록사항을 직권으로 조사·측량하여 정정할 수 있는 경우로 틀린 것은? 제35회

① 연속지적도가 잘못 작성된 경우
② 지적공부의 작성 또는 재작성 당시 잘못 정리된 경우
③ 토지이동정리 결의서의 내용과 다르게 정리된 경우
④ 지적도 및 임야도에 등록된 필지가 면적의 증감 없이 경계의 위치만 잘못된 경우
⑤ 지방지적위원회 또는 중앙지적위원회의 의결서 사본을 받은 지적소관청이 그 내용에 따라 지적공부의 등록사항을 정정하여야 하는 경우

해설 ① '지적공부'의 등록사항이 잘못된 경우에 정정하는 절차를 묻고 있다. 연속지적도는 지적공부가 아니다.
 ▶정답 ①

2. 토지소유자에 관한 사항의 정정자료

등기된 토지	등기완료통지서, 등기관서에서 제공한 등기전산정보자료, 등기필증, 등기사항증명서
미등기 토지	가족관계 기록사항에 관한 증명서

08 지적공부의 정리

1. 지적정리의 절차

(1) **토지의 이동이 있는 경우**: 토지이동정리 결의서 작성 ⇨ 지적공부 정리

소유권 변동 있는 경우: 소유자정리 결의서 작성 ⇨ 지적공부 정리

(2) 토지소유권의 득실변경은 등기필증, 등기완료통지서, 등기사항증명서, 등기관서에서 제공한 등기전산정보자료에 따라 지적공부를 정리한다.

다만, 신규등록 토지의 경우 토지의 소유자는 '지적소관청'이 직접 조사하여 등록한다.

토지의 이동시기	1. 신규등록, 등록전환, 분할 등: 등록시 2. 도시개발사업 등의 시행지역: 토지의 형질변경 등의 공사가 준공된 때 3. 축척변경: 축척변경의 확정공고일

확인문제

공간정보의 구축 및 관리에 관한 법령상 토지소유자의 정리에 관한 설명이다. (　)에 들어갈 내용으로 옳은 것은? 제33회

> 지적공부에 등록하는 토지소유자의 변경사항은 등기관서에서 등기한 것을 증명하는 등기필증, 등기완료통지서, 등기사항증명서 또는 등기관서에서 제공한 등기전산정보자료에 따라 정리한다. 다만, (㉠)하는 토지의 소유는 (㉡)이(가) 직접 조사하여 등록한다.

① ㉠: 축척변경,　㉡: 등기관　　② ㉠: 축척변경,　㉡: 시·도지사

③ ㉠: 신규등록,　㉡: 등기관　　④ ㉠: 신규등록,　㉡: 지적소관청

⑤ ㉠: 등록전환,　㉡: 시·도지사

해설 ④ 선등록 후등기원칙에 따라 신규등록을 하는 경우에는 아직 등기부가 없으므로 등기부를 기초로 하여 소유자를 정리할 수 없다. 그러므로 '신규등록'하는 토지의 소유자는 '지적소관청'이 직접 조사하여 등록한다. ▶정답 ④

2. 소유자의 정리

(1) 등기부와 지적공부의 토지표시가 부합하지 않는 경우에는 소유권정리를 할 수 없다.

⇨ 이 경우 지적소관청은 관할 등기소에 불부합통지(등기부에 기록된 토지의 표시와 지적공부가 일치하지 아니하다는 사실의 통지)를 하여 부동산표시변경등기를 한 후 소유권정리를 하여야 한다.

(2) 총괄청이나 중앙관서의 장이 소유자없는 부동산에 대한 소유자등록을 신청하는 경우 지적소관청은 지적공부에 해당 토지의 소유자가 등록되지 아니한 경우에만 등록할 수 있다.

(3) 지적소관청은 필요하다고 인정할 때에 등기부를 열람하여 지적공부와 부합되지 않는 사항을 발견한 때에는 등기사항증명서 또는 등기관서에서 제공한 등기전산정보자료에 따라 **직권정리하거나**, 토지소유자나 기타 이해관계인에게 그 부합에 필요한 **신청 등을 하도록 요구**할 수 있다.

확인문제

공간정보의 구축 및 관리 등에 관한 법령상 토지소유자의 정리 등에 관한 설명으로 틀린 것은? 제29회

① 지적소관청은 등기부에 적혀 있는 토지의 표시가 지적공부와 일치하지 아니하면 토지소유자를 정리할 수 없다.

② 「국유재산법」에 따른 총괄청이나 같은 법에 따른 중앙관서의 장이 소유자 없는 부동산에 대한 소유자 등록을 신청하는 경우 지적소관청은 지적공부에 해당 토지의 소유자가 등록되지 아니한 경우에만 등록할 수 있다.

③ 지적공부에 신규등록하는 토지의 소유자에 관한 사항은 등기관서에서 등기한 것을 증명하는 등기필증, 등기완료통지서, 등기사항증명서 또는 등기관서에서 제공한 등기전산정보자료에 따라 정리한다.

④ 지적소관청은 필요하다고 인정하는 경우에는 관할 등기관서의 등기부를 열람하여 지적공부와 부동산등기부가 일치하는지 여부를 조사·확인하여야 한다.

⑤ 지적소관청 소속 공무원이 지적공부와 부동산등기부의 부합 여부를 확인하기 위하여 등기전산정보자료의 제공을 요청하는 경우 그 수수료는 무료로 한다.

해설 ③ 선등록 후등기의 원칙에 따라 신규등록하는 경우에는 아직 등기부가 존재하지 아니하므로 등기 관련된 등기필증 등도 존재하지 않는다. 신규등록의 경우에 토지소유자는 지적소관청이 직접 조사하여 등록한다. ▶정답 ③

---

3. 등기촉탁

(1) 지적소관청은 토지이동 등의 사유로 인하여 토지표시의 변경에 관한 등기를 할 필요가 있을 경우에는 **지체 없이** 관할 등기소에 그 등기를 촉탁하여야 한다.

⇨ 등기부와 지적공부의 기록을 일치시키는 데에 그 목적이 있다.

(2) 등기촉탁의 사유

① 토지의 이동정리를 한 경우(신규등록은 제외)

② 지번을 변경한 경우

③ 바다로 된 토지의 등록말소 또는 회복등록을 한 경우

④ 축척변경을 한 경우

⑤ 지적소관청이 직권으로 정정한 경우

⑥ 행정구역의 개편에 따라 새로이 지번을 부여한 경우

(3) 등기촉탁은 <u>국가가 국가를 위하여</u> 하는 등기로 본다.

> **확인문제** •
>
> 공간정보의 구축 및 관리 등에 관한 법령상 지적소관청은 토지의 이동 등으로 토지의 표시변경에 관한 등기를 할 필요가 있는 경우에는 지체 없이 관할 등기관서에 그 등기를 촉탁하여야 한다. 이 경우 등기촉탁의 대상이 아닌 것은?　　　　　　　　　　　　　　　　　　　제35회
> ① 지목변경　　　　　　② 지번변경　　　　　　③ 신규등록
> ④ 축척변경　　　　　　⑤ 합병
>
> **해설** ③ 선등록 후등기의 원칙에 따라 신규등록하는 경우에는 아직 등기부가 존재하지 아니하므로 등기촉탁할 수 없다. 등기촉탁은 '토지표시의 변경'이 있을 때 하는 것이므로, 신규등록이나 토지소유자의 변경 등은 등기촉탁사유가 아니다.　　　　　　　　　　　　　　　　　　　▶ **정답** ③

4. 지적정리의 통지

(1) 지적소관청이 지적공부를 복구, 말소 또는 등기촉탁을 한 때에는 해당 토지소유자에게 통지하여야 한다.
　↳ 토지소유자의 신청에 의한 정리시에는 통지대상이 아니다.

(2) **통지시기**(원칙)

변경등기 필요시	그 등기완료통지서를 접수한 날로부터 15일 이내
변경등기 불필요시	지적공부에 등록한 날부터 7일 이내

(3) **공고**(예외): 통지받을 자의 주소 또는 거소를 알 수 없는 때에는 일간신문, 해당 시·군·구의 공보 또는 인터넷 홈페이지에 공고하여야 한다.

(4) **통지대상**: 직권으로 ~~한 경우(지번변경, 행정구역개편으로 지번부여, 지적공부 복구), 제3자의 신청, 등기촉탁한 경우

확인문제 ·

공간정보의 구축 및 관리 등에 관한 법령상 지적소관청이 토지소유자에게 지적정리 등을 통지하여야 하는 시기에 대한 설명이다. (   )에 들어갈 내용으로 옳은 것은? 제34회

> • 토지의 표시에 관한 변경등기가 필요하지 아니한 경우: (㉠)에 등록한 날부터 (㉡)이내
> • 토지의 표시에 관한 변경등기가 필요한 경우: 그 (㉢)를 접수한 날부터 (㉣)이내

① ㉠: 등기완료의 통지서, ㉡: 15일, ㉢: 지적공부, ㉣: 7일
② ㉠: 등기완료의 통지서, ㉡: 7일, ㄷ: 지적공부, ㉣: 15일
③ ㉠: 지적공부, ㉡: 7일, ㉢: 등기완료의 통지서, ㉣: 15일
④ ㉠: 지적공부, ㉡: 10일, ㉢: 등기완료의 통지서, ㉣: 15일
⑤ ㉠: 지적공부, ㉡: 10일, ㉢: 등기완료의 통지서, ㉣: 7일

해설 ③ 변경등기가 필요하지 않으면: 지적공부에 등록한 날부터 7일 이내 통지,
변경등기가 필요하면: 등기완료의 통지서를 접수한 날부터 15일 이내 통지. ▶정답 ③

---

09 지적측량

1. 의의 및 구분

(1) "지적측량"이란 토지를 지적공부에 등록하거나 지적공부에 등록된 경계점을 지상에 복원하기 위하여 필지의 경계 또는 좌표와 면적을 정하는 측량을 말하며, 지적확정측량 및 지적재조사측량을 포함한다.

(2) 지적기준점을 정하기 위한 기초측량과 1필지의 경계와 면적을 정하는 세부측량으로 구분한다.

(3) 지적측량은 평판(平板)측량, 전자평판측량, 경위의(經緯儀)측량, 전파기(電波機) 또는 광파기(光波機)측량, 사진측량 및 위성측량 등의 방법에 따른다.

(4) 지적측량의 대상

① 지적공부를 복구하기 위한 복구측량

② 신규등록의 토지가 생긴 경우의 신규등록측량

③ 등록전환할 토지가 생긴 경우의 등록전환측량

④ 토지를 분할하는 경우의 분할측량

⑤ 바다로 된 토지의 등록말소를 위한 해면성말소측량

⑥ 축척변경이 필요한 경우의 축척변경측량

⑦ 지적측량기준점 표지를 설치하기 위한 기초측량

⑧ 지적공부의 등록사항을 정정하기 위한 등록사항정정측량

⑨ 도시개발사업 등이 끝나 토지의 표시를 새로 정하기 위하여 실시하는 지적확정측량

⑩ 지적소관청 또는 시·도지사나 대도시 시장이 지적측량수행자가 실시한 측량성과를 검사하기 위한 검사측량 ⇨ 지적측량수행자는 검사측량을 하지 못한다.

⑪ 경계점을 지표상에 복원하기 위한 경우의 경계복원측량

  ⇨ 등록 당시의 측량방법과 동일한 방법에 의한다.

⑫ 지상건축물 등의 위치현황을 도면에 등록된 경계와 대비하여 표시하기 위한 지적현황측량

  ⇨ 측량검사하지 않는 경우 : 지적현황측량·경계복원측량

⑬ 지적재조사사업에 따라 토지의 이동이 있는 경우에 하는 지적재조사측량

확인문제 •

1. 공간정보의 구축 및 관리에 관한 법령상 지적측량을 실시하여야 하는 경우로 틀린 것은? 제33회

① 지적기준점을 정하는 경우
② 경계점을 지상에 복원하는 경우
③ 지상건축물 등의 현황을 지형도에 표시하는 경우
④ 바다가 된 토지의 등록을 말소하는 경우로서 측량을 할 필요가 있는 경우
⑤ 지적공부의 등록사항을 정정하는 경우로서 측량을 할 필요가 있는 경우

해설 ③ 지상건축물 등의 현황을 '지적도 또는 임야도'에 표시하는 지적측량을 '지적현황측량'이라 한다. '지형도'에 표시하는 측량은 지적측량이 아니다. ▶정답 ③

2. 공간정보의 구축 및 관리 등에 관한 법령상 지적측량을 실시하여야 하는 경우를 모두 고른 것은? 제30회

┌───┐
│ ㉠ 토지소유자가 지적소관청에 신규등록 신청을 하기 위하여 측량을 할 필요가 있는 경우
│ ㉡ 지적소관청이 지적공부의 일부가 멸실되어 이를 복구하기 위하여 측량을 할 필요가 있는 경우
│ ㉢ 「지적재조사에 관한 특별법」에 따른 지적재조사사업에 따라 토지의 이동이 있어 측량을 할 필요가 있는 경우
│ ㉣ 토지소유자가 지적소관청에 바다가 된 토지에 대하여 지적공부의 등록말소를 신청하기 위하여 측량을 할 필요가 있는 경우
└───┘

① ㉠, ㉡, ㉢   ② ㉠, ㉡, ㉣   ③ ㉠ ㉢, ㉣
④ ㉡, ㉢, ㉣   ⑤ ㉠, ㉡, ㉢, ㉣

해설 ㉠ 신규등록측량
㉡ 지적공부의 복구는 원칙적으로 면적측정이 수반되고, 등록말소되는 토지가 필지의 전부일 때는 측량이 필요없으나 필지의 일부가 등록말소되는 경우에는 측량을 하여야 한다.
㉢ 지적재조사측량 ㉣ 등록말소측량 ▶정답 ⑤

3. 공간정보의 구축 및 관리 등에 관한 법령상 토지소유자 등 이해관계인이 지적측량수행자에게 지적측량을 의뢰하여야 하는 경우가 아닌 것을 모두 고른 것은? (단, 지적측량을 할 필요가 있는 경우임) 제32회

┌───┐
│ ㉠ 지적측량성과를 검사하는 경우
│ ㉡ 토지를 등록전환하는 경우
│ ㉢ 축척을 변경하는 경우
│ ㉣ 「지적재조사에 관한 특별법」에 따른 지적재조사사업에 따라 토지의 이동이 있는 경우
└───┘

① ㉠, ㉡   ② ㉠, ㉣   ③ ㉢, ㉣
④ ㉠, ㉡, ㉢   ⑤ ㉡, ㉢, ㉣

해설 ㉠ 검사측량과 ㉣ 지적재조사측량은 의뢰하여 이루어지는 측량이 아니다. ▶정답 ②

2. 지적측량의 절차

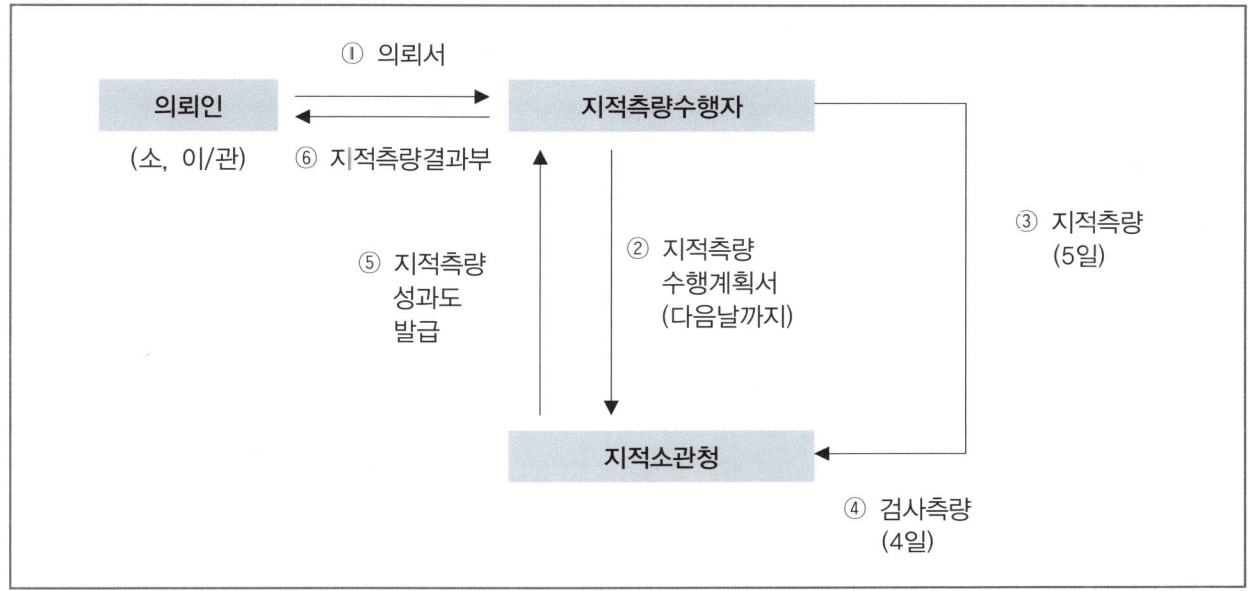

(1) 토지소유자 등 이해관계인은 <u>지적측량수행자에게 의뢰</u>하여야 한다.

(2) 지적측량수행자가 지적측량 의뢰를 받은 때에는 측량기간, 측량일자 및 측량 수수료 등을 적은 지적측량 수행계획서를 그 다음 날까지 지적소관청에 제출하여야 한다. 제출한 지적측량 수행계획서를 변경한 경우에도 같다.

(3) **지적측량기간**

원 칙	• 측량기간 : 5일 • 측량검사기간 : 4일
지적기준점을 설치하는 경우	지적기준점이 15점 이하인 경우에는 4일을, 15점을 초과하는 경우에는 4일에 15점을 초과하는 4점마다 1일을 가산한다.
합의로 기간을 정하는 경우	• 측량기간 : 전체기간의 4분의 3 • 측량검사기간 : 전체기간의 4분의 1

(4) **지적측량성과의 검사** : 시·도지사, 대도시 시장 또는 지적소관청이 검사한다.

① **원칙** : 지적소관청이 검사

② **예외** : 지적삼각점측량성과 + (국토교통부장관이 고시하는 면적 이상의) 지적확정측량성과 ⇨ 시·도지사 또는 대도시 시장이 검사

⑸ 지적측량수행자는 검사를 받지 아니한 측량성과를 측량의뢰인에게 교부할 수 없다(단, 검사를 받지 아니하는 지적현황측량과 경계복원측량은 예외).

확인문제

1. 공간정보의 구축 및 관리에 관한 법령상 지적측량수행자가 지적측량 의뢰를 받은 때 그 다음 날까지 지적소관청에 제출하여야 하는 것으로 옳은 것은? 제34회

① 지적측량 수행계획서
② 지적측량 의뢰서
③ 토지이동현황 조사계획서
④ 토지이동 정리결의서
⑤ 지적측량 결과서

해설 ① 지적측량수행자가 지적측량 의뢰를 받은 때에는 측량기간, 측량일자 및 측량 수수료 등을 적은 '지적측량 수행계획서'를 그 다음 날까지 지적소관청에 제출하여야 한다. ▶정답 ①

2. 공간정보의 구축 및 관리 등에 관한 법령상 지적측량의 측량기간 및 검사기간에 관한 설명이다. (   )에 들어갈 내용으로 옳은 것은? (단, 지적측량 의뢰인과 지적측량수행자가 서로 합의하여 따로 기간을 정하는 경우는 제외함) 제34회

> 지적측량의 측량기간은 (㉠)일로 하며, 측량검사기간은 (㉡)일로 한다. 다만, 지적기준점을 설치하여 측량 또는 측량검사를 하는 경우 지적기준점이 15점 이하인 경우에는 (㉢)일을, 15점을 초과하는 경우에는 (㉣)일에 15점을 초과하는 (㉤)마다 1일을 가산한다.

① ㉠: 4, ㉡: 4, ㉢: 4, ㉣: 4, ㉤: 3
② ㉠: 5, ㉡: 4, ㉢: 4, ㉣: 4, ㉤: 4
③ ㉠: 5, ㉡: 4, ㉢: 4, ㉣: 5, ㉤: 3
④ ㉠: 5, ㉡: 4, ㉢: 5, ㉣: 5, ㉤: 4
⑤ ㉠: 6, ㉡: 5, ㉢: 5, ㉣: 5, ㉤: 3

해설 ② 측량기간과 검사기간에 대한 문제는 빈출되므로 암기하여야 한다. ▶정답 ②

일반정보의 구축 및 관리에 관한 법률

3. 지적기준점성과의 관리 · 열람 및 등본청구

구 분	점간 거리	도면 표시	지적기준점 성과관리	지적기준점성과의 열람 · 등본청구
지적삼각점	2~5km	⊕	시 · 도지사	시 · 도지사 또는 지적소관청
지적삼각보조점	1~3km	●	지적소관청	지적소관청
지적도근점	50~300m	○	지적소관청	지적소관청

확인문제

1. 공간정보의 구축 및 관리 등에 관한 법령상 지적삼각보조점성과의 등본을 발급받으려는 경우 그 신청기관으로 옳은 것은? 제34회

① 시 · 도지사
② 시 · 도지사 또는 지적소관청
③ 지적소관청
④ 지적소관청 또는 한국국토정보공사
⑤ 한국국토정보공사

해설 ③ 지적삼각점성과의 열람이나 등본발급은 시 · 도지사 또는 지적소관청에게, 지적삼각보조점성과나 지적도근점성과에 대해서는 지적소관청에 신청하여야 한다. ▶정답 ③

2. 공간정보의 구축 및 관리 등에 관한 법령상 지적기준점성과와 지적기준점성과의 열람 및 등본 발급 신청기관의 연결이 옳은 것은? 제31회

① 지적삼각점성과 - 시 · 도지사 또는 지적소관청
② 지적삼각보조점성과 - 시 · 도지사 또는 지적소관청
③ 지적삼각보조점성과 - 지적소관청 또는 한국국토정보공사
④ 지적도근점성과 - 시 · 도지사 또는 한국국토정보공사
⑤ 지적도근점성과 - 지적소관청 또는 한국국토정보공사

해설 ① 지적삼각점성과의 공개청구를 할 때 기존의 시 · 도지사 외에 지적소관청이 추가되었음은 암기사항이다.
 ▶정답 ①

4. 지적위원회

(1) 중앙지적위원회

① 국토교통부에 중앙지적위원회를 둔다.

② 위원장 및 부위원장 각 1명을 포함한 5명 이상 10명 이하의 위원으로 구성하며, 위원은 지적에 관한 학식과 경험이 풍부한 사람 중에서 국토교통부장관이 임명하거나 위촉한다.

③ 위원장은 국토교통부 지적업무 담당 국장이, 부위원장은 지적업무 담당 과장이 된다.

④ 위원장과 부위원장을 제외한 위원의 임기는 2년으로 한다.

⑤ 위원장이 위원회의 회의를 소집하는 때에는 회의 일시·장소·심의 안건을 회의 5일 전까지 각 위원에게 서면으로 통지하여야 한다.

⑥ 중앙지적위원회의 회의는 재적위원 과반수의 출석으로 개의(開議)하고, 출석위원 과반수의 찬성으로 의결한다.

⑦ 중앙지적위원회는 관계인을 출석하게 하여 의견을 들을 수 있으며, 필요하면 현지조사를 할 수 있다.

⑧ 중앙지적위원회가 현지조사를 하려는 경우에는 관계 공무원을 지정하여 현지조사를 하고 그 결과를 보고하게 할 수 있으며, 필요할 때에는 지적측량수행자에게 그 소속 지적기술자를 참여시키도록 요청할 수 있다.

⑨ 중앙지적위원회의 간사는 국토교통부의 지적업무 담당 공무원 중에서 국토교통부장관이 임명하며, 회의 준비, 회의록 작성 및 회의 결과에 따른 업무 등 중앙지적위원회의 서무를 담당한다.

⑩ 중앙지적위원회의 위원에게는 예산의 범위에서 출석수당과 여비, 그 밖의 실비를 지급할 수 있다. 다만, 공무원인 위원이 그 소관 업무와 직접적으로 관련되어 출석하는 경우에는 그러하지 아니하다.

(2) 중앙지적위원회의 심의·의결사항

① 지적측량 적부심사에 대한 재심사

② 지적 관련 정책 개발 및 업무 개선 등에 관한 사항

③ 지적측량기술의 연구·개발 및 보급에 관한 사항

④ 지적기술자의 양성에 관한 사항

⑤ 지적기술자의 업무정지 처분 및 징계요구에 관한 사항

⑶ **위원의 제척·기피·회피**

① 중앙지적위원회의 위원이 다음의 어느 하나에 해당하는 경우에는 중앙지적위원회의 심의·의결
에서 제척(除斥)된다.

　　㉠ 위원이 해당 안건의 당사자와 친족이거나 친족이었던 경우
　　㉡ 위원이 해당 안건에 대하여 증언, 진술 또는 감정을 한 경우
　　㉢ 위원이 해당 안건의 원인이 된 처분 또는 부작위에 관여한 경우
　　㉣ 위원이나 위원이 속한 법인·단체 등이 해당 안건의 당사자의 대리인이거나 대리인이었던 경우
　　㉤ 위원 또는 그 배우자나 배우자이었던 사람이 해당 안건의 당사자가 되거나 그 안건의 당사자와
　　　공동권리자 또는 공동의무자인 경우

② 해당 안건의 당사자는 위원에게 공정한 심의·의결을 기대하기 어려운 사정이 있는 경우에는 중
앙지적위원회에 기피 신청을 할 수 있고, 중앙지적위원회는 의결로 이를 결정한다. 이 경우 기피
신청의 대상인 위원은 그 의결에 참여하지 못한다.

③ 위원이 제척 사유에 해당하는 경우에는 스스로 해당 안건의 심의·의결에서 회피(回避)하여야 한다.

⑷ **지방지적위원회** : 시·도에 둔다.

　지적측량 적부심사 청구사항에 대한 심의·의결만 한다.

확인문제 ◆

1. 공간정보의 구축 및 관리 등에 관한 법령상 지적위원회 등에 관한 설명으로 옳은 것은? 제36회

① 지적측량성과에 대하여 다툼이 있는 경우 토지소유자, 이해관계인 또는 지적측량수행자는 관할 시·도지사를 거쳐 중앙지적위원회에 지적측량 적부심사를 청구할 수 있다.

② 중앙지적위원회는 지적재조사 기본계획의 수립 및 변경에 관한 사항을 심의·의결한다.

③ 중앙지적위원회의 위원장이 회의를 소집할 때에는 회의 일시·장소 및 심의 안건을 회의 7일 전까지 각 위원에게 서면으로 통지하여야 한다.

④ 중앙지적위원회가 현지조사를 위해 필요할 때에는 지적측량수행자에게 그 소속 측량기술자 중 지적기술자를 참여시키도록 요청할 수 있다.

⑤ 중앙지적위원회로부터 의결서를 받은 국토교통부장관은 그 의결서를 지적소관청에 송부하여야 한다.

해설 ① 관할 시·도지사를 거쳐 지방지적위원회에 지적측량 적부심사를 청구할 수 있다.
② 중앙지적위원회의 심의·의결사항은 5개이며, 보기의 사항은 중앙지적위원회의 심의·의결사항이 아니다.
③ 중앙지적위원회의 위원장이 중앙지적위원회의 회의를 소집할 때에는 회의 일시·장소 및 심의 안건을 회의 5일 전까지 각 위원에게 서면으로 통지하여야 한다.
⑤ 중앙지적위원회로부터 의결서를 받은 국토교통부장관은 그 의결서를 관할 시·도지사에게 송부하여야 한다. ▶**정답** ④

2. 공간정보의 구축 및 관리 등에 관한 법령상 중앙지적위원회의 심의·의결사항으로 틀린 것은? 제31회

① 측량기술자 중 지적기술자의 양성에 관한 사항

② 지적측량기술의 연구·개발 및 보급에 관한 사항

③ 지적재조사 기본계획의 수립 및 변경에 관한 사항

④ 지적 관련 정책 개발 및 업무 개선 등에 관한 사항

⑤ 지적기술자의 업무정지 처분 및 징계요구에 관한 사항

해설 지방지적위원회는 지적측량 적부심사에 대한 심의·의결권한만 있고, 중앙지적위원회는 5가지의 심의·의결권한이 있는데, ③은 해당되지 않는다. ▶**정답** ③

3. 공간정보의 구축 및 관리에 관한 법령상 중앙지적위원회의 구성 및 회의 등에 관한 설명으로 옳은 것을 모두 고른 것은? 제34회

> ㉠ 중앙지적위원회의 간사는 국토교통부의 지적업무 담당 공무원 중에서 지적업무담당국장이 임명하며, 회의 준비, 회의록 작성 및 회의 결과에 따른 업무 등 중앙지적위원회의 서무를 담당한다.
> ㉡ 중앙지적위원회의 회의는 재적위원 과반수의 출석으로 개의(開議)하고, 출석위원 과반수의 찬성으로 의결한다.
> ㉢ 중앙지적위원회는 관계인을 출석하게 하여 의견을 들을 수 있으며, 필요하면 현지조사를 할 수 있다.
> ㉣ 위원장이 중앙지적위원회의 회의를 소집할 때에는 회의 일시·장소 및 심의 안건을 회의 7일 전까지 각 위원에게 서면으로 통지하여야 한다.

① ㉠, ㉡　　　　② ㉡, ㉢　　　　③ ㉠, ㉡, ㉢　　　　④ ㉠, ㉢, ㉣　　　　⑤ ㉡, ㉢, ㉣

해설 ㉠ 중앙지적위원회의 위원과 간사는 국토교통부장관이 임명한다.
㉣ 회의 '5일 전'까지 각 위원에게 서면으로 통지하여야 한다. ▶**정답** ②

⑸ 지적측량 적부심사

🔖 **지적측량 적부심사**

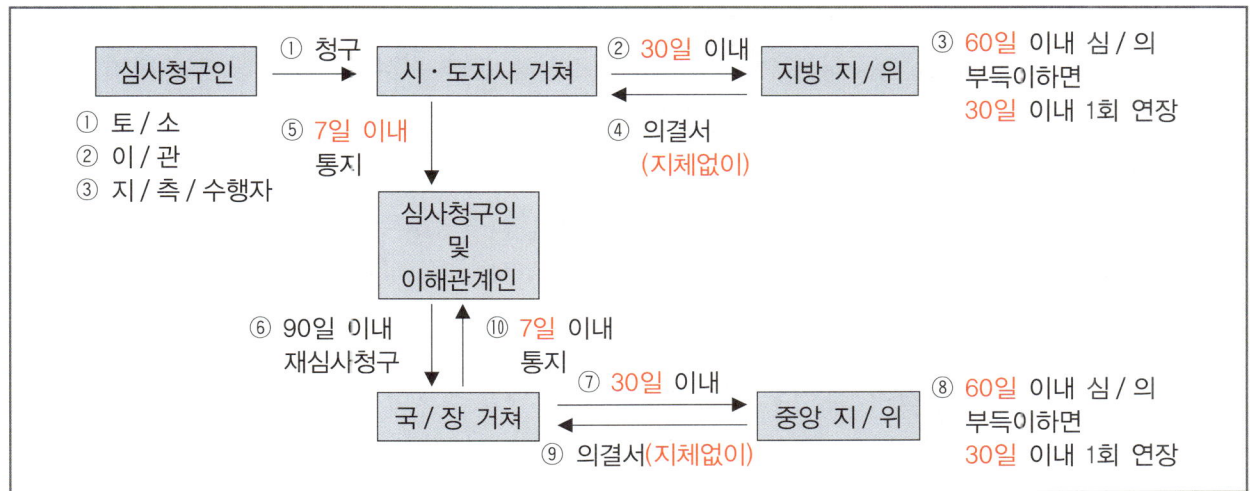

① 토지소유자, 이해관계인 또는 지적측량수행자가 관할 시·도지사를 거쳐 지방지적위원회에 청구

② 시·도지사는 30일 이내에 다음 각 호의 사항을 조사하여 지방지적위원회에 회부

  ㉠ 다툼이 되는 지적측량의 경위 및 그 성과

  ㉡ 해당 토지에 대한 토지이동 및 소유권 변동 연혁

  ㉢ 해당 토지 주변의 측량기준점, 경계, 주요 구조물 등 현황 실측도

③ 지방지적위원회는 회부받은 날로부터 60일 이내에 심의·의결하되, 부득이한 경우 해당 지적위원회의 의결을 거쳐 30일 이내에서 한 번만 연장 가능

④ 위원장과 의결에 참석 위원 전원이 서명·날인한 지적측량 적부심사 의결서를 작성하여 지체 없이 시·도지사에게 송부

⑤ 시·도지사는 의결서를 송부받은 날로부터 7일 이내에 적부심사 청구인 및 이해관계인에게 통지 ＋ 의결서를 받은 날부터 90일 이내 재심사를 청구할 수 있음을 통지

⑥ 의결서를 통지받은 자가 불복하는 때에는 의결서를 받은 날로부터 90일 이내에 국토교통부장관을 거쳐 중앙지적위원회에 재심사를 청구

⑦ 국토교통부장관은 재심사 접수일로부터 30일 이내에 중앙지적위원회에 회부

⑧ 중앙지적위원회는 회부받은 날로부터 60일 이내에 심의·의결하되, 부득이한 경우 30일의 범위 내에서 1차에 한하여 연장 가능

⑨ 중앙지적위원회는 재심사 의결서를 지체 없이 국토교통부장관에게 송부

⑩ 국토교통부장관은 의결서를 송부받은 날로부터 7일 이내에 적부심사 청구인 및 이해관계인에게 통지 + 국토교통부장관은 의결서를 시·도지사에게 송부

⑪ 시·도지사는 지방지적위원회의 의결서를 받은 해당 지적측량 적부심사 청구인 및 이해관계인이 90일 이내에 재심사를 청구하지 아니하면 그 의결서 사본을 지적소관청에 보내야 하며, 중앙지적위원회의 의결서를 받은 경우에는 그 의결서 사본에 지방지적위원회의 의결서 사본을 첨부하여 지적소관청에 보내야 한다.

⑫ 지적소관청은 그 내용에 따라 지적공부를 정정하거나 측량성과를 수정

　□ 특별자치시장은 지방지적위원회의 의결서를 받은 후 해당 지적측량 적부심사 청구인 및 이해관계인이 90일 이내에 재심사를 청구하지 아니하거나 중앙지적위원회의 의결서를 받은 경우에는 직접 그 내용에 따라 지적공부의 등록사항을 정정하거나 측량성과를 수정하여야 한다.

⑬ 지방지적위원회의 의결이 있은 후 90일 이내에 재심사를 청구하지 아니하거나 중앙지적위원회의 의결이 있는 경우에는 해당 지적측량성과에 대하여 다시 지적측량 적부심사청구를 할 수 없다.

확인문제 ·

1. 공간정보의 구축 및 관리 등에 관한 법령상 지적위원회 및 지적측량의 적부심사 등에 관한 설명으로 틀린 것은? 　제29회

① 토지소유자, 이해관계인 또는 지적측량수행자는 지적측량성과에 대하여 다툼이 있는 경우에는 관할 시·도지사를 거쳐 지방지적위원회에 지적측량 적부심사를 청구할 수 있다.

② 지방지적위원회는 지적측량에 대한 적부심사 청구사항과 지적기술자의 징계요구에 관한 사항을 심의·의결한다.

③ 시·도지사는 지방지적위원회의 의결서를 받은 날부터 7일 이내에 지적측량 적부심사 청구인 및 이해관계인에게 그 의결서를 통지하여야 한다.

④ 시·도지사로부터 의결서를 받은 자가 지방지적위원회의 의결에 불복하는 경우에는 그 의결서를 받은 날부터 90일 이내에 국토교통부장관을 거쳐 중앙지적위원회에 재심사를 청구할 수 있다.

⑤ 중앙지적위원회는 관계인을 출석하게 하여 의견을 들을 수 있으며, 필요하면 현지조사를 할 수 있다.

해설 ② 지방지적위원회는 지적측량 적부심사에 대한 심의·의결권한만을 가진다. 　▶정답 ②

2. 공간정보의 구축 및 관리 등에 관한 법령상 지적측량의 적부심사 등에 관한 설명으로 옳은 것은?

① 지적측량 적부심사청구를 받은 지적소관청은 30일 이내에 다툼이 되는 지적측량의 경위 및 그 성과, 해당 토지에 대한 토지이동 및 소유권 변동 연혁, 해당 토지 주변의 측량기준점, 경계, 주요 구조물 등 현황 실측도를 조사하여 지방지적위원회에 회부하여야 한다.

② 지적측량 적부심사청구를 회부받은 지방지적위원회는 부득이한 경우가 아닌 경우 그 심사청구를 회부받은 날부터 90일 이내에 심의·의결하여야 한다.

③ 지방지적위원회는 부득이한 경우에 심의기간을 해당 지적위원회의 의결을 거쳐 60일 이내에서 한 번만 연장할 수 있다.

④ 시·도지사는 지방지적위원회의 지적측량 적부심사 의결서를 받은 날부터 7일 이내에 지적측량 적부심사 청구인 및 이해관계인에게 그 의결서를 통지하여야 한다.

⑤ 의결서를 받은 자가 지방지적위원회의 의결에 불복하는 경우에는 그 의결서를 받은 날부터 90일 이내에 시·도지사를 거쳐 중앙지적위원회에 재심사를 청구할 수 있다.

해설 ① 지적측량 적부심사청구를 받은 지적소관청은 × ⇨ 지적측량 적부심사청구를 받은 '시·도지사'는 ○

② 60일 이내에 심의·의결하여야 한다.

③ 30일 이내에서 한 번만 연장할 수 있다.

⑤ 국토교통부장관을 거쳐 중앙지적위원회에 재심사를 청구할 수 있다.　　　　　▶정답 ④

박문각 공인중개사

부동산등기법

부동산등기법

01 부동산등기제도

1. 부동산 물권변동과 등기

> 「민법」 제186조(법률행위와 물권변동) : "부동산에 관한 법률행위로 인한 물권의 득실변경은 등기하여야 그 효력이 생긴다."

부동산등기법 : 부동산거래의 신속과 안전

「민법」 제186조(부동산물권변동의 효력) 부동산에 관한 법률행위로 인한 물권의 득실변경은 등기하여야 그 효력이 생긴다.

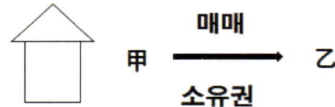

매매
甲 ⟶ 乙
소유권

표제부		갑구		을구	
표시 번호		순위 번호		순위 번호	
1	2000/1/15 신축 00시 ㅁㅁ동 100 단층주택 철근콘크리트조 슬라브지붕 99제곱미터	1	소유권보존 甲 **동 100	1	저당권 신한은행 1억 접수 제 58호
		2	소유권이전 乙 원인 : 매매	2	저당권 서울은행 1억 접수 제 250호

「민법」 제187조(법률규정과 물권변동) : "상속, 공용징수, 판결, 경매 기타 법률의 규정에 의한 부동산에 관한 물권의 취득은 등기를 요하지 않는다. 그러나 등기하지 아니하면 이를 처분하지 못한다."

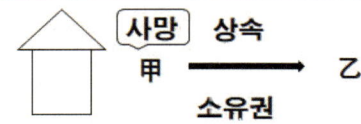

「민법」 제187조: "상속, 공용징수, 판결, 경매 기타 법률의 규정에 의한 부동산에 관한 물권의 취득은 등기를 요하지 않는다. 그러나 등기하지 아니하면 이를 처분하지 못한다."

사망 상속
甲 ⟶ 乙
소유권

표제부		갑구		을구	
표시번호		순위번호		순위번호	
1	2000/1/15 신축 00시 ㅁㅁ동 100 단층주택 철근콘크리트조 슬라브지붕 99제곱미터	1	소유권보존 甲 **동 100	1	저당권 신한은행 1억 접수 제 58호
		2	소유권이전 乙 원인 : 상속	2	저당권 서울은행 1억 접수 제 250호

사 유	권리변동시기
상속 (포괄승계)	• 상속 ⇨ 피상속인 사망일 • 포괄유증 ⇨ 유증자 사망일 • 합병 ⇨ 합병등기한 때
공용징수	수용의 개시일
(형성)판결	판결 확정시 (공유물분할판결, 상속재산분할판결, 사해행위취소판결)
경매, 공매	매각대금 또는 매수대금 완납일

♠ 기타 법률규정에 의한 물권변동의 예

> 1. 신축건물의 소유권 취득
> 2. 공유수면매립지의 소유권 취득
> 3. 용익물권의 존속기간 만료에 의한 소멸
> 4. 피담보채권의 소멸에 따른 저당권 소멸
> 5. **법정**지상권, **법정**대위에 의한 저당권의 이전, **법정**저당권, 관습법상의 **법정**지상권
> 6. 소멸시효·혼동·부동산 멸실로 인한 물권의 소멸
> 7. 원인행위의 무효·취소·해제로 인한 물권의 복귀(판례의 유인성설)
> 8. 재단법인 설립시 출연재산의 귀속

➥ 단, **부동산의 점유취득시효**는 법률의 규정에 의한 취득이지만 등기해야 물권변동의 효력이 생긴다.

2. 등기의 효력

(1) **등기의 일반적 효력**(종국등기의 효력)

① **권리변동적 효력**: 등기관이 등기를 마친 경우 그 등기는 접수한 때부터 효력이 발생한다.

② **순위확정적 효력**

> ㉠ 동일한 부동산에 등기한 권리의 순위는 법률에 다른 규정이 없는 한 등기한 순서에 따른다.
> ㉡ 주등기의 순위는 같은 구 ⇨ 순위번호, 다른 구 ⇨ 접수번호에 따른다.
> ㉢ 부기등기의 순위 = 주등기의 순위,
>   같은 주등기에 관한 부기등기 상호간의 순위는 그 등기 순서에 따른다.
> ㉣ 가등기에 의한 본등기를 한 경우 본등기의 순위 = 가등기의 순위에 따른다.
> ㉤ 회복등기의 순위 ⇨ 종전의 순위에 따른다.
> ➥ 대지권에 대한 등기로서 효력 있는 건물 등기기록에 한 등기와 대지권의 목적인 토지의 등기기록 중 해당 구 사항란에 한 등기의 순서는 접수번호에 의한다.

확인문제 •

등기한 권리의 순위에 관한 설명으로 틀린 것은? (다툼이 있으면 판례에 따름) 제34회

① 부동산에 대한 가압류등기와 저당권설정등기 상호간의 순위는 접수번호에 따른다.

② 2번 저당권이 설정된 후 1번 저당권 일부이전의 부기등기가 이루어진 경우, 배당에 있어서 그 부기등기가 2번 저당권에 우선한다.

③ 위조된 근저당권해지증서에 의해 1번 근저당권등기가 말소된 후 2번 근저당권이 설정된 경우, 말소된 1번 근저당권등기가 회복되더라도 2번 근저당권이 우선한다.

④ 가등기 후에 제3자 명의의 소유권이전등기가 이루어진 경우, 가등기에 의한 본등기가 이루어지면 본등기는 제3자 명의 등기에 우선한다.

⑤ 집합건물 착공 전의 나대지에 대하여 근저당권이 설정된 경우, 그 근저당권등기는 집합건물을 위한 대지권등기에 우선한다.

해설 ③ 회복등기의 순위는 종전 순위에 따르므로 회복된 1번 근저당권의 순위가 2번 근저당권보다 우선한다.

▶ 정답 ③

③ 대항적 효력

> ㉠ 부동산환매권
> ㉡ 부동산임차권
> ㉢ 신 탁
> ㉣ 신청정보의 임의적 정보사항(각종의 특약과 약정, 각종의 존속기간, 지료·이자·지급시기 등) : 등기하지 않으면 채권적 효력(상대적·대인적 효력)을 가지는 데 불과하나, 등기하면 제3자에 대하여 대항력이 생긴다.

④ 추정적 효력(법률상의 추정)

  ㉠ 추정의 의의 및 효과

> ⓐ 등기된 권리의 추정, 등기원인의 추정, 적법절차의 추정이 된다.
> ⓑ 등기의 추정적 효력은 권리관계에 관해서만 인정된다.
>   ⇨ 표제부(사실관계)에는 인정 ×
> ⓒ 추정을 받는 자는 입증책임이 면제된다.
>   이 경우 입증책임은 주장하는 자(상대방)에게 있다.
> ⓓ 반증에 의하여 이 추정은 깰 수 있다(반증이 없으면 추정은 깰 수 없다).

ⓒ 추정력이 미치는 범위

ⓐ 소유권보존등기는 소유권이 진정하게 보존되어 있다는 사정에 관해서는 추정력이 있으나, 현 보존등기명의인이 양수한 것이라 주장하고, 전 소유자가 양도사실을 부인하면 추정력이 깨진다.

➥ 등기의 추정력이 당사자간에도 인정되는지의 문제
- 소유권보존등기: 인정 ✕(보존등기는 원시취득자가 하는 등기이므로)
- 소유권이전등기: 인정 ○(제3자는 물론 직전 소유자에 대한 관계에서도 추정력 인정)

ⓑ 가등기는 추정력이 없으므로 소유권이전청구권의 가등기가 있어도 소유권이전을 청구할 법률관계가 있다고 추정되지 않는다.

ⓒ 등기가 불법말소된 경우 또는 등기부가 멸실된 경우는 회복등기 전이라도 말소된 등기의 최종명의인은 적법한 권리자로 추정된다.

➥ 등기는 물권변동의 효력발생요건이지, 효력존속요건이 아니다.

ⓓ 담보물권의 등기는 그 담보물권의 존재 자체뿐만 아니라 이에 상응하는 **피담보채권의 존재도 추정**된다.

ⓔ 추정력을 받는 당사자에게 불이익한 경우에도 추정력은 인정된다.

ⓕ 사망자 명의의 등기나 허무인 명의의 등기는 추정력이 인정되지 않는다.

ⓖ 이중보존등기에 있어서 무효가 되는 후등기기록에는 추정력이 인정되지 않는다. 그러므로 후등기기록에 기한 등기부취득시효도 인정되지 않는다.

ⓗ 특별조치법에 따른 등기는 보증서나 확인서 등이 허위, 위조된 사실이 증명되어야 추정력이 깨진다(추정력이 한층 더 강하다).

확인문제 ◆

등기의 효력에 관한 설명으로 틀린 것은? (다툼이 있으면 판례에 따름)　　　　제32회

① 등기관이 등기를 마친 경우 그 등기는 접수한 때부터 효력이 발생한다.

② 소유권이전등기청구권 토전을 위한 가등기에 기한 본등기가 된 경우 소유권이전의 효력은 본등기시에 발생한다.

③ 사망자 명의의 신청으로 마쳐진 이전등기에 대해서는 그 등기의 무효를 주장하는 자가 현재의 실체관계와 부합하지 않음을 증명할 책임이 있다.

④ 소유권이전등기청구권 토전을 위한 가등기권리자는 그 본등기를 명하는 판결이 확정된 경우라도 가등기에 기한 본등기를 마치기 전 가등기만으로는 가등기된 부동산에 경료된 무효인 중복소유권보존등기의 말소를 청구할 수 없다.

⑤ 폐쇄된 등기기록에 기록되어 있는 등기사항에 관한 경정등기는 할 수 없다.

해설 ③ 사망자 명의로 실행된 등기는 유효하다는 추정력이 인정되지 않는다. 그러므로 원칙에 다라 그 등기의 유효를 주장하는 자가 입증책임을 진다.　　　　▶ 정답 ③

⑤ **형식적 확정력**(후등기 저지력) : 등기가 존재하는 이상, 그 유·무효를 불문하고 그것을 말소하지 않고서는 그 등기와 양립할 수 없는 등기를 할 수 없다.

　↳ 지상권(또는 전세권)이 기간 만료로 소멸한 후에도 그 말소등기없이 동일한 내용의 지상권(또는 전세권)을 설정하지 못한다.

⑥ **점유적 효력**(시효기간 단축의 효력) : 등기부취득시효는 10년이므로 점유취득시효에 비해 10년의 기간이 단축된다.

02 등기소와 그 설비

등기소	관할 : 목적부동산의 소재지를 관할하는 등기소
등기관	등기소에 근무하는 법원서기관·등기사무관·등기주사 또는 등기주사보 중에서 지방법원장 또는 지원장이 지정하는 자
등기부	전산정보처리조직에 의하여 입력·처리된 등기정보자료를 편성한 것 ① '등기부 부본'은 보조기억장치에 기록된 복제본 ② '등기기록'이란 1필의 토지 또는 1개의 건물에 관한 등기자료

1. 등기소

(1) 등기사무는 **부동산의 소재지를 관할하는** 지방법원, 그 지원(支院) 또는 등기소(이하 "등기소"라 한다)에서 담당한다.

(2) **관할의 예외 1**: 관할 등기소가 다른 여러 개의 부동산과 관련하여 **등기목적과 등기원인이 동일**하거나 그 밖에 **대법원규칙으로 정하는 등기신청**이 있는 경우 ⇨ **그 중 하나의** 관할 등기소에서 해당 등기사무를 담당할 수 있다(= 그 중 하나의 관할 등기소에 등기를 신청할 수 있다).

  ① **등기목적과 등기원인이 동일한 등기신청의 예**

    ㉠ 공동저당등기 또는 그 이전, 변경, 말소등기의 신청

    ㉡ 여러 개의 부동산에 대한 전세권설정이나 전전세 등 또는 그 이전, 변경 또는 말소등기의 신청

    ㉢ 그 밖에 동일한 등기원인을 증명하는 정보에 따라 등기목적과 등기 원인이 동일한 등기의 신청

  ② **대법원규칙으로 정하는 등기신청의 예**

    ㉠ **소유자가 다른** 공동저당, 공동전세, 공동전전세 또는 그 이전, 변경, 말소등기의 신청

    ㉡ 공동저당목적으로 **새로 추가되는 부동산**이 종전에 등기한 부동산과 다른 등기소의 관할에 속하는 경우 종전 등기소에 추가되는 부동산에 대한 저당권설정등기의 신청

    ㉢ **공동저당 일부**의 소멸 또는 변경의 신청: 소멸 또는 변경되는 부동산의 관할 등기소 중 한 곳에 신청할 수 있다.

(3) **관할의 예외 2**: **상속 또는 유증**으로 인한 등기신청의 경우 ⇨ 부동산의 **관할 등기소가 아닌 등기소**도 그 등기사무를 담당할 수 있다(=관할 등기소가 아닌 등기소에 등기를 신청할 수 있다).

  ① 상속 또는 유증으로 인한 소유권이전등기를 신청하는 경우

  ② 상속으로 인한 소유권이전등기가 마쳐진 후 다음 각 목에 해당하는 사유가 있는 경우 그 사유를 원인으로 해당 등기를 신청하는 경우

    ㉠ 법정상속분에 따라 상속등기를 마친 후에 상속재산 협의분할(조정분할·심판분할을 포함한다) 등이 있는 경우

    ㉡ 상속재산 협의분할에 따라 상속등기를 마친 후에 그 협의를 해제(다시 새로운 협의분할을 한 경우를 포함한다)한 경우

    ㉢ 상속포기신고를 수리하는 심판 또는 상속재산 협의분할계약을 취소하는 재판 등이 있는 경우

      ※ 단, 관공서가 체납처분으로 인한 압류등기를 촉탁하는 경우 또는 수용으로 인하여 소유권이전등기를 할 때에는 위 규정을 적용하지 아니한다.

(3) **관할의 지정**: 부동산이 여러 등기소의 관할구역에 걸쳐 있을 때에는 대법원규칙으로 정하는 바에 따라 각 등기소를 관할하는 **상급법원의 장**이 관할 등기소를 지정한다.

⑷ **관할의 위임과 등기사무의 정지**: 대법원장은 어느 등기소의 관할에 속하는 사무를 다른 등기소에 우임하게 할 수 있고, 등기소에서 정상적인 등기사무의 처리가 어려운 경우에는 기간을 정하여 등기사무의 정지를 명령하거나 대법원규칙으로 정하는 바에 따라 등기사무의 처리를 위하여 필요한 처분을 명령할 수 있다.

⑸ **등기기록의 공개신청, 사용자등록신청**: 관할과 무관

2. 등기부

⑴ **등기부의 조직**

원 칙	1부동산 1등기기록주의 = 물적편성주의
예 외	집합(구분)건물의 등기부 = 1동 건물의 표제부와 개개의 구분건물의 등기기록을 전부 합하여 1등기기록으로 한다.

① **일반건물의 1등기기록**: 표제부 + 갑구 + 을구

: 건물등기기록의 표제부에는 소재, 지번, 건물명칭(건축물대장에 건물명칭이 기재되어 있는 경우만 해당) 및 번호를 기록한다. 다만, 같은 지번 위에 1개의 건물만 있는 경우에는 건물번호는 기록하지 아니한다.

② **집합건물의 1등기기록**: 1동건물의 표제부 + [각 전유부분의 표제부 + 갑구 + 을구]

⑵ 구분건물은 1동의 건물에 속하는 전부에 대하여 1등기기록을 사용한다.

➦ 구분건물 등기기록에 대한 열람이나 등기사항증명서의 발급에 관하여는 1동의 건물의 표제부와 해당 전유부분에 관한 등기기록(표제부·갑구·을구)을 1개의 등기기록으로 본다.

➦ 1동 건물의 표제부와 규약상 공용부분은 표제부만 둔다.

⑶ **등기부의 종류**

협 의	토지등기부 + 건물등기부
광의 (등기부의 일부로 보는 것)	① 신탁원부: 신탁의 내용에 대해 등기관이 작성한 것 ② 공동담보목록: 담보목적 부동산이 5개 이상일 때 등기관이 작성한 것 ③ 도면 ④ 매매목록: 2개 이상의 부동산이 매매되거나 부동산이 1개이더라도 매도인과 매수인이 각각 여러 명인 경우 첨부 ⑤ 폐쇄등기부 ➦ 폐쇄등기부를 포함하여 광의의 등기부는 별도로 신청하여 열람하거나 증명서를 교부받을 수 있다.

건물등기기록

[건물] 서울특별시 서초구 서초동 32 　　　　　고유번호 0000-0000-000000

[표제부]			(건물의 표시)	
표시 번호	접 수	소재지번 및 건물번호	건물내역	등기원인 및 기타사항
1	2015년 5월 15일	서울특별시 서초구 서초동 32	철근콘크리트조 슬라브지붕 단층주택 135m²	

[갑구]			(소유권에 관한 사항)	
순위 번호	등기목적	접 수	등기원인	권리자 및 기타사항
1	소유권보존	2015년 5월 15일		소유자 양현식 700419-******* 서울특별시 동작구 사당동 33

[을구]			(소유권 외의 권리에 관한 사항)	
순위 번호	등기목적	접 수	등기원인	권리자 및 기타사항
1	전세권설정	2015년 5월 20일	2015년 5월 10일 설정계약	전세금 금 200,000,000원 범위 건물 전부 존속기간 2015년 5월 20일부터 2017년 5월 19일까지 전세권자 김정은 901212-******* 서울특별시 서초구 서초동 32

집합건물의 등기기록

[집합건물] 서울특별시 서초구 서초동 5500 조아아파트 제101동 제15층 제1502호

[표제부]		(1동의 건물의 표시)		
표시번호	접 수	소재지번, 건물명칭 및 번호	건물내역	등기원인 및 기타사항
1	2012년 10월 17일	서울특별시 서초구 서초동 5500 조아아파트 제101동 [도로명주소] 서울특별시 서초구 서초대로 5900길 2305	철근콘크리트구조 평스라브지붕 28층 공동주택 (아파트) 1층 599.0769m² 2층 591.4069m² 3층 591.4069m² ⎰ 28층 591.4069m²	

		(대지권의 목적인 토지의 표시)		
표시번호	소재지번	지목	면적	등기원인 및 기타사항
1	서울특별시 서초구 서초동 5500	대	19712.9m²	2012년 10월 17일

[표제부]		(전유부분의 건물의 표시)		
표시번호	접수	건물번호	건물내역	등기원인 및 기타사항
1	2012년 10월 17일	제15층 제1502호	철근콘크리트구조 118.4843m²	

	(대지권의 표시)		
표시번호	대지권종류	대지권비율	등기원인 및 기타사항
1	소유권대지권	19712.9분의 57.1043	2012년 9월 21일 대지권 2012년 10월 17일

[갑구]		(소유권에 관한 사항)		
순위번호	등기목적	접수	등기원인	권리자 및 기타사항
1	소유권보존	2012년 10월 17일 제237346호		소유자 양진영 700419-******* 서울특별시 동작구 사당로250길 31

[을구]		(소유권 이외의 권리에 관한 사항)		
순위번호	등기목적	접수	등기원인	권리자 및 기타사항
1	근저당권설정	2013년 2월 8일 제30838호	2013년 2월 8일 설정계약	채권최고액 금250,000,000원 채무자 홍길동 서울특별시 서초구 서초대로250길 55 근저당권자 너희은행 110111-0088775 서울특별시 강남구 논현로 395
2	1번근저당권 설정등기말소	2014년 9월 12일 제200221호	2014년 9월 11일 해지	

⑷ 장부의 관리

등기부와 그 부속서류는 원칙적으로 보관장소 밖으로 옮길 수 없다.
다만, 예외사항은 아래 표와 같다.

구 분	전쟁·천재 지변	법원의 명령·촉탁	검사(수사기관)의 영장	공 개
등기부와 부속서류	이동 **가능**	이동 **불가**	이동 **불가**	누구나 증명서 발급 및 열람 신청 가능
신청서 기타 부속서류	이동 **가능**	이동 **가능**	이동 **가능**	이해관계 있는 부분만 열람 가능

(5) 장부의 공개

1. 누구든지 수수료를 납부하고 등기사항증명서의 교부나 열람을 청구할 수 있다
   (관할과 무관하므로 어느 등기소에서나 신청 가능).
2. 등기소를 방문하여 신청하거나, 무인발급기 또는 인터넷을 통한 발급이 가능하다.
3. 구분건물에 대한 등기사항증명서의 발급이나 열람에 관하여는 1동의 건물의 표제부와 해당 전유부분에
   관한 등기기록(표제부·갑구·을구)을 1개의 등기기록으로 본다.
4. 신탁원부, 공동담보(전세)목록, 도면 또는 매매목록은 그 증명도 함께 신청하는 뜻의 표시가 있는 경우
   에만 등기사항증명서에 이를 포함하여 발급한다(열람도 동일).
5. 등기신청이 접수된 부동산에 관하여는 등기관이 그 등기를 마칠 때까지 등기사항증명서를 발급하지 못
   한다. 다만, 그 부동산에 등기신청사건이 접수되어 처리 중에 있다는 뜻을 등기사항증명서에 표시(등기
   사항증명서 매 장마다 표시)하여 발급할 수 있다.

등기사항증명서의 종류(5종류)

ㄱ 전부증명서 : 말소사항 포함, 현재 유효사항
ㄴ 일부증명서 : 현재 소유현황, 지분취득 이력, 특정인 지분

확인문제

1. 부동산등기에 관한 설명으로 틀린 것은?　　　　　　제32회

① 건물소유권의 공유지분 일부에 대하여는 전세권설정등기를 할 수 없다.
② 구분건물에 대하여는 전유부분마다 부동산고유번호를 부여한다.
③ 폐쇄한 등기기록에 대해서는 등기사항의 열람은 가능하지만 등기사항증명서의 발급은 청구할 수 없다.
④ 전세금을 증액하는 전세권변경등기는 등기상 이해관계 있는 제3자의 승낙 또는 이에 대항할 수 있는
   재판의 등본이 없으면 부기등기가 아닌 주등기로 해야 한다.
⑤ 등기관이 부기등기를 할 때에는 주등기 또는 부기등기의 순위번호에 가지번호를 붙여서 하여야 한다.

해설 ③ 폐쇄한 등기기록은 현저의 등기로서의 효력은 없지만 공시는 되는 것이므로 열람이나 등기사항증명서의 발급
을 청구할 수 있다.　　　　　　　　　　　　　　　　　　　　　　　　　　▶정답 ③

2. 전산이기된 등기부 등에 관한 설명으로 틀린 것은? 제33회

① 등기부는 영구히 보존해야 한다.

② 등기부는 법관이 발부한 영장에 의하여 압수하는 경우에는 대법원규칙으로 정하는 보관·관리 장소 밖으로 옮길 수 있다.

③ 등기관이 등기를 마쳤을 때에는 등기부부본자료를 작성해야 한다.

④ 등기원인을 증명하는 정보에 대하여는 이해관계 있는 부분만 열람을 청구할 수 있다.

⑤ 등기관이 등기기록의 전환을 위해 등기기록에 등기된 사항을 새로운 등기기록에 옮겨 기록한 때에는 종전 등기기록을 폐쇄해야 한다.

해설 ② 등기부는 전쟁·천재지변이나 그 밖에 이에 준하는 사태를 피하기 위한 경우 외에는 보관 장소 밖으로 옮기지 못한다. ▶정답 ②

(6) 주민등록번호 등 공시 제한

① 등기사항증명서의 발급이나 열람 시에 개인 및 법인 아닌 사단이나 재단의 대표자는 등록번호 뒤 7자리를 공시하지 아니할 수 있다.

② 법인, 법인 아닌 사단이나 재단, 국가, 지방자치단체 등 단체의 등록번호는 공시를 제한하지 아니한다.

③ 신청정보에 해당 등기부의 등기명의인 중 1인의 주민등록번호 등을 입력하고, 등기부에 그와 일치하는 주민등록번호 등이 존재하는 경우 대상 등기명의인의 주민등록번호는 공시를 제한하지 않는다.

03 등기절차 일반

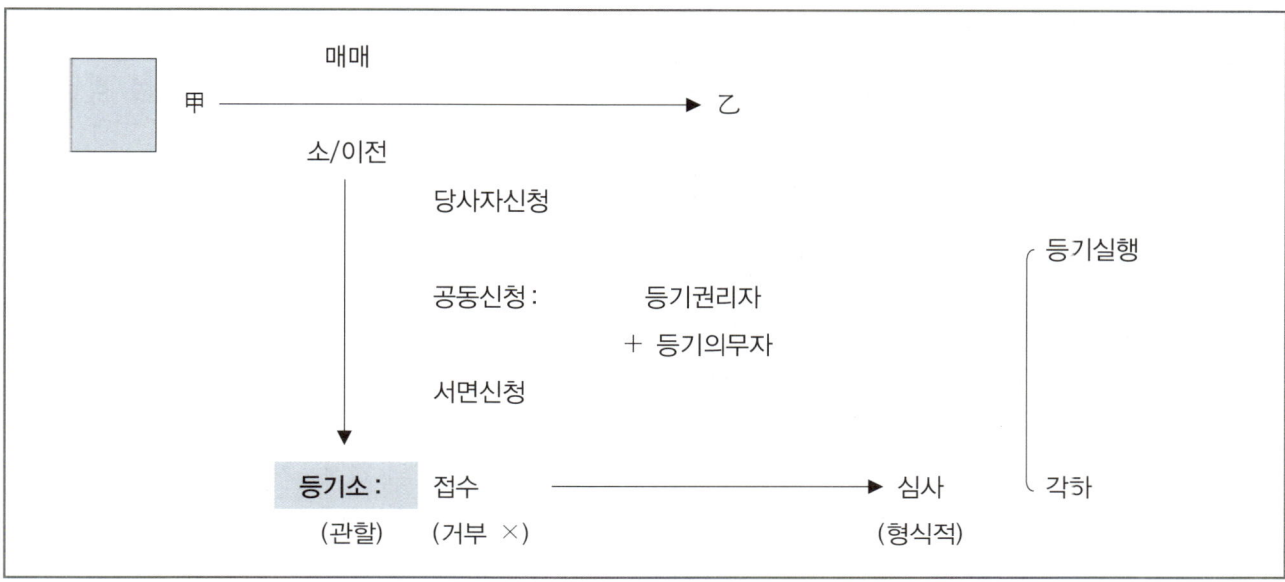

1 등기의 개시

1. **원칙** : 신청주의

등기는 법률에 다른 규정이 있는 외에는 당사자의 신청 또는 관공서의 촉탁에 따라 한다.

당사자의 신청	• 공동신청, 당사자의 신청 • 서면신청 : 전자신청(전자문서 제공), 방문신청(종이문서 제공)
관공서의 촉탁	• "법률에 다른 규정이 없는 경우 신청에 따른 등기규정을 준용한다." • 촉탁하지 않고 상대방과 함께 공동신청도 가능

2. 예외 : 법률에 다른 규정이 있는 경우

(1) 등기관의 직권에 의한 등기

보존등기	① 미등기부동산에 대한 소유권의 처분제한의 등기촉탁이 있는 경우에 이루어지는 (직권)보존등기
	② 미등기주택 및 상가에 대한 법원의 임차권등기명령에 의한 임차권등기촉탁이 있는 경우에 이루어지는 (직권)보존등기
변경등기	① 소유권이전등기를 신청할 때 주소증명서면에 의하여 주소변경사실이 명백한 경우에 이루어지는 (직권)등기명의인 주소변경등기
	② 행정구역이나 그 명칭이 변경된 경우에 이루어지는 부동산의 표시변경등기나 등기명의인의 주소변경등기
경정등기	등기관의 실수로 등기의 착오 또는 빠진 부분이 있는 때의 경정등기
말소등기	① 관할 위반의 등기와 등기할 사항이 아닌 경우의 등기(법 제29조 제1·2호 위반)를 말소하는 등기
	② 환매에 의한 권리취득등기를 하는 경우 환매특약등기의 말소
	③ 토지수용으로 인한 소유권이전등기를 할 때 등기부상 권리의 말소(4개 제외)
	④ 지상권(전세권)을 목적으로 하는 저당권이 있는 경우 그 지상권(전세권)을 말소한 경우에 이루어지는 저당권말소등기
	⑤ 가등기에 기한 본등기를 한 때에 중간처분등기의 말소(4개 제외)
말소회복	① 가등기에 의한 본등기로 인해 직권말소된 등기를 그 본등기가 말소되었을 때 회복하는 등기
	② 기타 직권말소된 등기의 회복등기
구분건물	① 대지권인 뜻의 등기
	② 건물 만에 관한 뜻의 등기
	③ (토지등기부에) 별도 등기가 있다는 뜻의 등기
기 타	승역지의 등기기록에 지역권등기를 한 때에 요역지의 등기기록에 하는 지역권등기

확인문제 •

등기권리자 또는 등기명의인이 단독으로 신청하는 등기에 관한 설명으로 **틀린** 것을 모두 고른 것은?

제28회

> ㉠ 등기의 말소를 공동으로 신청해야 하는 경우, 등기의무자의 소재불명으로 제권판결을 받으면 등기권리자는 그 사실을 증명하여 단독으로 등기의 말소를 신청할 수 있다.
> ㉡ 수용으로 인한 소유권이전등기를 하는 경우, 등기권리자는 그 목적물에 설정되어 있는 근저당권설정등기의 말소등기를 단독으로 신청하여야 한다.
> ㉢ 이행판결에 의한 등기는 승소한 등기권리자가 단독으로 신청할 수 있다.
> ㉣ 말소등기 신청시 등기의 말소에 대하여 등기상 이해관계 있는 제3자의 승낙이 있는 경우, 그 제3자 명의의 등기는 등기권리자의 단독신청으로 말소된다.
> ㉤ 등기명의인 표시변경등기는 해당 권리의 등기명의인이 단독으로 신청할 수 있다.

① ㉠, ㉢ ② ㉠, ㉣ ③ ㉡, ㉣
④ ㉡, ㉤ ⑤ ㉢, ㉤

해설 ㉡ 수용으로 인한 소유권이전등기를 하는 경우 그 목적물에 설정되어 있는 근저당권등기는 직권으로 말소된다. ㉣ 말소등기 신청시 등기의 말소에 대하여 등기상 이해관계 있는 제3자의 승낙이 있는 경우, 그 제3자 명의의 등기는 직권말소된다. ▶정답 ③

(2) 법원의 명령에 의한 등기

이의신청에 대하여 결정하기 전 관할 지방법원이 하는 가등기명령 또는 부기등기 명령에 따른 등기

2 등기의 신청

1. 등기신청의 당사자능력(등기신청적격) : 등기명의인이 될 수 있는 자격

인 정	① 자연인 + ② 법인 + ③ 법인 아닌 사단이나 재단 ① 외국인, 영 · 유아도 가능 ② 공법인(국가 + 지자체)과 사법인 ↪ 읍 · 면 · 동 · 리는 지자체가 아니므로 등기신청적격 × 　단, 동 · 리가 법인 아닌 사단의 실질을 가지면 가능 ③ 문중, 종중, 아파트 입주자 대표회의, 정당, 교회 신도들의 단체 등 : 신청은 대표자나 관리인이 하고, 등기명의는 법인 아닌 사단이나 재단으로 함

부 정	① 학교 ⇨ 설립주체 명의로 등기해야 한다. ② 읍·면·동·리 ③ 민법상 조합 ⇨ 조합원전원 명의의 합유등기를 해야 한다. ➥ **민법상 조합**의 이름은 등기부에 올라갈 수 없음(저당권등기에서 채무자로도 등기할 수 없음) ➥ **특별법상 조합**(농협, 축협 등의 법인)은 등기신청적격 ○ ④ 태아

확인문제 ·

1. 부동산등기법상 등기의 당사자능력에 관한 설명으로 틀린 것은?   제32회

① 법인 아닌 사단(社團)은 그 사단 명의로 대표자가 등기를 신청할 수 있다.

② 시설물로서의 학교는 학교 명의로 등기할 수 없다.

③ 행정조직인 읍, 면은 등기의 당사자능력이 없다.

④ 민법상 조합을 채무자로 표시하여 조합재산에 근저당권 설정등기를 할 수 있다.

⑤ 외국인은 법령이나 조약의 제한이 없는 한 자기 명의로 등기신청을 하고 등기명의인이 될 수 있다.

해설 ④ 민법상 조합은 단체로서의 독립성이 인정되지 않으므로 등기부에 그 명의를 올릴 수 없다.   ▶정답 ④

2. 등기신청에 관한 설명으로 틀린 것은?   제34회

① 정지조건이 붙은 유증을 원인으로 소유권이전등기를 신청하는 경우, 조건성취를 증명하는 서면을 첨부하여야 한다.

② 사립대학이 부동산을 기증받은 경우, 학교 명의로 소유권이전등기를 할 수 있다.

③ 법무사는 매매계약에 따른 소유권이전등기를 매도인과 매수인 쌍방을 대리하여 신청할 수 있다.

④ 법인 아닌 사단인 종중이 건물을 매수한 경우, 종중의 대표자는 종중 명의로 소유권이전등기를 신청할 수 있다.

⑤ 채권자대위권에 의한 등기신청의 경우, 대위채권자는 채무자의 등기신청권을 자기의 이름으로 행사한다.

해설 ② 학교는 자기의 이름으로 부동산을 취득할 수 없으므로, 학교가 아니라 학교의 설립주체 명의로 등기한다.

▶정답 ②

2. 등기신청의 당사자

(1) **원칙**: 공동신청주의 ⇨ 등기권리자와 등기의무자가 함께 신청

① **등기권리자**: 등기가 되면 등기기록상 유리한 위치에 있게 되는 자

② **등기의무자**: 등기가 되면 등기기록상 불리한 위치에 있게 되는 자

구 분	등기권리자	등기의무자
전세권설정등기	전세권자	전세권설정자
전세권말소등기	전세권설정자	전세권자
전세권 기간연장 (※ 기간단축)	전세권자 (※ 전세권설정자)	전세권설정자 (※ 전세권자)
근저당권 최고액 증액 (※ 감액)	근저당권자 (※ 근저당권설정자)	근저당권설정자 (※ 근저당권자)
소유권이전 후 피담보채권의 소멸로 인한 저당권말소등기	저당권설정자 또는 현재의 소유자	저당권자
소유권이전 후 가등기에 기한 본등기	가등기권리자	가등기 당시의 소유자 (= 가등기의무자)
소유권이전 후 저당권의 말소회복등기	말소된 저당권의 등기명의인	말소 당시의 소유자

확인문제

절차법상 등기권리자와 등기의무자를 옳게 설명한 것을 모두 고르면? 제31회

> ㉠ 甲 소유로 등기된 토지에 설정된 乙 명의의 근저당권을 丙에게 이전하는 등기를 신청하는 경우, 등기의무자는 乙이다.
> ㉡ 甲에서 乙로, 乙에서 丙으로 순차로 소유권이전등기가 이루어졌으나 乙 명의의 등기가 원인무효임을 이유로 甲이 丙을 상대로 丙 명의의 등기 말소를 명하는 확정판결을 얻은 경우, 그 판결에 따른 등기에 있어서 등기권리자는 甲이다.
> ㉢ 채무자 甲에서 乙로 소유권이전등기가 이루어졌으나 甲의 채권자 丙이 등기원인이 사해행위임을 이유로 그 소유권이전등기의 말소판결을 받은 경우, 그 판결에 따른 등기에 있어서 등기권리자는 甲이다.

① ㉡ ② ㉢ ③ ㉠, ㉡
④ ㉠, ㉢ ⑤ ㉡, ㉢

해설 ㉡ 丙의 등기가 말소되면 직접 권리자인 乙의 소유권이 살아나므로 등기권리자(유리해지는 자)는 乙이다.
등기권리자와 등기의무자는 등기기록을 보고 판단하므로 신청인이 누구인지와는 상관없다. ▶정답 ④

⑵ **단독신청**(공동신청의 예외)

① 등기의 진정성이 보장되는 때

> 1. 판결에 의한 등기: 이행판결(등기절차의 이행 또는 인수를 명하는 판결)과 공유물분할판결만 단독신청 가능 (확인판결은 ×)
>   ㉠ 확정판결이어야 하며, 확정판결과 동일한 효력의 조서(인락조서, 화해조서, 조정조서 등)도 포함된다.
>   ㉡ 이행(인수)판결: **승소한** 등기권리자 또는 (승소한) 등기의무자가 단독신청 가능. 패소한 자는 단독신청 불가능
>   ➡ 승소한 등기권리자의 단독신청시: 등기필정보 제공 ×
>   ➡ 승소한 등기의무자의 단독신청시: 등기필정보 제공 ○
>   ㉢ 공유물분할판결: 등기권리자 또는 등기의무자가 단독신청
>   승소한 자나 패소한 자(= 원고나 피고) 모두 단독신청 가능
> 2. 토지수용으로 인한 소유권이전등기

② **성질상 공동신청이 불가능한 경우**(등기의무자가 존재하지 않는 경우 등)

> 1. 소유권보존등기와 보존등기의 말소등기
> 2. 상속에 의한 등기: 상속인이 여러 명이더라도 모두 등기권리자이므로 단독신청
>   ➥ 상속과 합병에 의한 등기는 단독신청
>   유증에 의한 등기는 유언집행자(또는 상속인)와 수증자가 공동신청한다.

③ 권리의 등기가 아닌 경우

> 1. 부동산의 분합 기타 표시변경등기
> 2. 등기명의인 표시변경(경정)등기

④ **기타의 경우**

> 1. 신탁등기와 신탁등기의 말소등기(수탁자의 단독신청)
> 2. 혼동에 의해 소멸된 권리의 말소등기
> 3. 가등기권리자가 가등기의무자의 승낙서 또는 가등기가처분명령의 정본을 첨부해서 신청하는 가등기
> 4. 가등기명의인이 신청하는 가등기의 말소(⇨ 소유권에 관한 가등기의 말소인 경우 인감증명을 첨부해야 함)
> 5. 등기상 이해관계인(가등기의무자 포함)이 가등기명의인의 승낙서 또는 그어 대항할 수 있는 재판등본을 첨부하여 하는 가등기의 말소
> 6. 등기된 권리가 어떤 자의 사망으로 소멸한다는 등기가 되어 있는 때에 하는 말소등기
> 7. 등기의무자가 소재불명인 경우 제권판결을 받아 신청하는 말소등기
> 8. 규약상 공용부분인 뜻의 등기
> 9. 멸실등기

확인문제 •

1. 단독으로 신청할 수 있는 등기를 모두 고른 것은? (단, 판결에 의한 신청은 제외) 제27회

> ㉠ 소유권보존등기의 말소등기
> ㉡ 근저당권의 채권최고액을 감액하는 변경등기
> ㉢ 법인합병을 원인으로 한 저당권이전등기
> ㉣ 특정유증으로 인한 소유권이전등기
> ㉤ 승역지에 지역권설정등기를 하였을 경우, 요역지지역권등기

① ㉠, ㉢   ② ㉠, ㉣   ③ ㉡, ㉣
④ ㉠, ㉢, ㉤   ⑤ ㉢, ㉣, ㉤

해설 **단독신청** : ㉠ 소유권보존등기와 그 말소등기, ㉢ 상속과 합병을 원인으로 하는 권리의 이전등기
공동신청 : ㉡ 권리의 변경이나 경정등기, ㉣ 특정유증이나 포괄유증 등 '유증'원인 권리이전등기
직권 : ㉤ 승역지에 지역권설정등기를 하였을 경우, 요역지지역권등기   ▶**정답** ①

2. 등기권리자와 등기의무자가 공동으로 등기신청을 해야 하는 것은? (단, 판결 등 집행권원에 의한 등기신청은 제외함) 제35회

① 소유권보존등기의 말소등기를 신청하는 경우
② 법인의 합병으로 인한 포괄승계에 따른 등기를 신청하는 경우
③ 등기명의인표시의 경정등기를 신청하는 경우
④ 토지를 수용한 사업시행자가 수용으로 인한 소유권이전등기를 신청하는 경우
⑤ 변제로 인한 피담보채권의 소멸에 의해 근저당권설정등기의 말소등기를 신청하는 경우

해설 ⑤ 권리에 관한 등기는 공동신청하는 것이 원칙이다. 단, 법률규정에 따라 판/수/보/상/표/표/신/혼/가 등이 있으면 단독신청한다.
① 소유권보존등기와 그 말소등기는 단독신청한다.
② 상속과 법인의 합병으로 인한 권리의 이전등기는 단독신청한다.
③ 권리가 아닌 등기명의인표시에 관한 등기와 부동산표시에 관한 등기는 단독신청한다.
④ 수용은 원시취득이므로 보존등기를 하든, 이전등기를 하든 단독신청한다.   ▶**정답** ⑤

3. 등기권리자와 등기의무자가 등기를 공동으로 신청해야 하는 경우는? 제36회

① 특정유증에 따른 등기
② 이행판결에 의한 등기
③ 부동산표시의 변경등기
④ 소유권보존등기의 말소등기
⑤ 신탁재산에 속하는 부동산의 신탁등기

해설 ① 특정유증이든 포괄유증이든 '유증'은 유언집행자와 수증자가 공동신청하는 것이 원칙이다.   ▶**정답** ①

(3) 포괄승계인에 의한 신청

⚑ **포괄승계인**(상속인)**에 의한 신청**

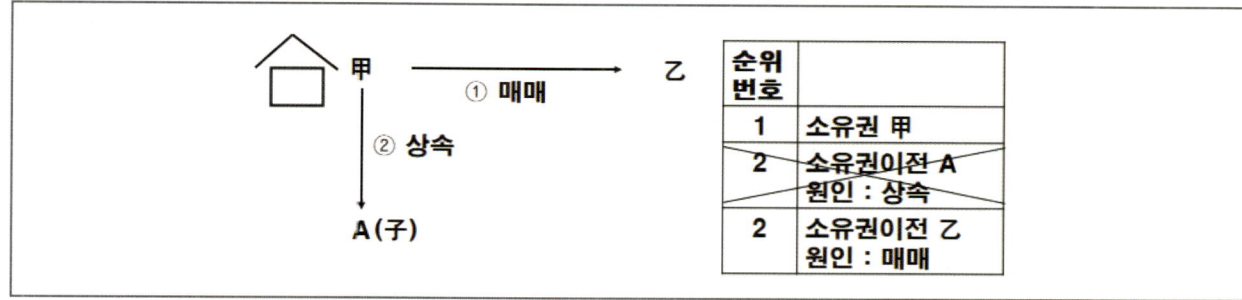

① **매매 등 등기원인이 발생한 후에 등기권리자나 등기의무자가 사망하거나 그 밖의 포괄승계가 개시된 경우**: 상속인이나 그 밖의 포괄승계인이 그 등기를 신청할 수 있는데 상속, 합병, 분할 전 법인이 소멸하는 경우의 분할이 이에 해당한다.

② 직접 피상속인으로부터 상대방에로의 등기신청을 상속인과 상대방이 **공동신청**할 수 있다(**상속등기 생략**, 중간생략등기의 허용).

③ 신청정보상의 등기의무자와 등기기록상의 등기명의인이 일치하지 않으면 각하하여야 하나 포괄승계인에 의한 등기신청은 **각하하지 않는다**.

구 분	상속등기	상속인에 의한 등기	유증에 의한 이전등기
신청형태	단독신청	공동신청	공동신청
등기원인	상속	(피상속인이 생전에 한) 법률행위	유증
권리이전	피상속인 ⇨ 상속인	피상속인 ⇨ (법률행위)상대방	유증자 ⇨ 수증자

확인문제

甲이 乙에게 자신의 부동산을 매도하고 등기를 하기 이전에 사망하였다. 이 경우 乙명의로 상속인에 의한 소유권이전등기를 신청하는 방법에 관한 설명 중 **틀린** 것은? 제11회
① 신청서와 등기부의 등기의무자의 표시가 부합하지 아니하여 각하한다.
② 甲의 상속인과 乙이 공동으로 등기를 신청한다.
③ 甲의 상속인 앞으로 상속등기를 할 필요가 없다.
④ 등기원인은 매매이다.
⑤ 부동산등기법에 이 상속인에 의한 등기에 관한 특별규정이 있다.

해설 상속인에 의한 등기의 특징 3가지: ㉠ 상속등기 생략 ㉡ 공동신청 ㉢ 각하하지 않는다.
① 신청서와 등기부의 등기의무자의 표시가 부합하지 아니하지만 각하하지 아니한다. ▶정답 ①

⑷ 제3자에 의한 신청

① 대위신청

㉠ 채권자대위신청 : 채권자가 '자신의 이름'으로 '채무자명의의 등기'를 채무자를 대위하여 신청할 수 있다(등기신청인 = 제3채무자 + 채권자, 등기권리자 = 채무자).

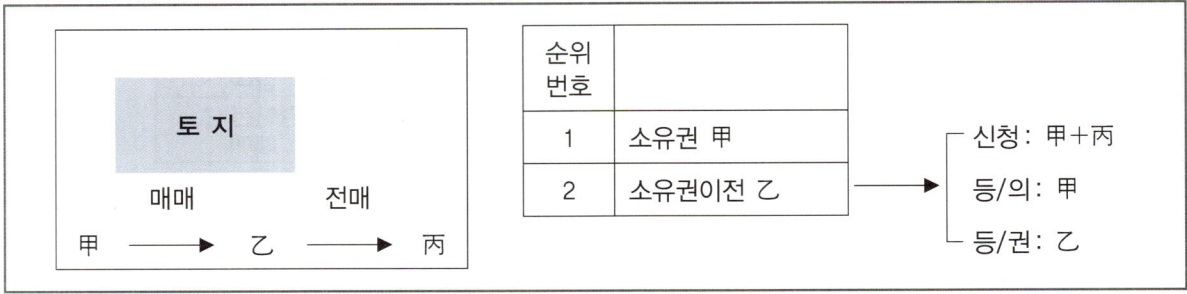

1. 채무자에게 손해되는 등기는 대위할 수 없다.
   채무자에게 이익되거나 중성적인 등기에 한하여 대위할 수 있다.
   ⇨ 채무자가 등기권리자가 되어 신청할 등기는 대위 가능,
      채무자가 등기의무자가 되어 신청할 등기는 대위 불가능
2. 대위의 대위를 할 수 있다(중복대위).
3. 채권자대위소송으로 받은 판결에 의한 등기는 채권자가 단독신청할 수 있음은 물론, 채권자대위소송이 제기된 사실을 안 채무자도 그 판결로 단독신청할 수 있다.
4. 신청정보에는 일반적인 기록사항 외에 대위채권자의 성명과 주소, 피대위채무자의 성명, 주소 및 주민등록번호와 대위원인을 기록하여야 한다(채무자는 등기명의인이 되므로 주민등록번호도 기록함).
5. 대위원인을 증명하는 정보를 첨부하여야 한다.
6. 등기실행 후 등기필정보는 작성 ×,
   "대위자(채권자)와 피대위자(채무자)에게 등기완료의 통지 ○"

확인문제

1. 채권자 甲이 채권자대위권에 의하여 채무자 乙을 대위하여 등기신청하는 경우에 관한 설명으로 옳은 것을 모두 고른 것은? 제31회

> ㉠ 乙에게 등기신청권이 없으면 甲은 대위등기를 신청할 수 없다.
> ㉡ 대위등기신청에서는 乙이 등기신청인이다.
> ㉢ 대위등기를 신청할 때 대위원인을 증명하는 정보를 첨부하여야 한다.
> ㉣ 대위신청에 따른 등기를 한 경우, 등기관은 乙에게 등기완료의 통지를 하여야 한다.

① ㉠, ㉡　　　　　　　　　　　② ㉠, ㉢
③ ㉡, ㉣　　　　　　　　　　　④ ㉠, ㉢, ㉣
⑤ ㉡, ㉢, ㉣

해설 ㉡ 피대위자(채무자) 乙은 등기의 결과 등기기록상 권리를 취득하므로 등기권리자가 되지만, 등기신청인은 대위채권자인 甲이다.　　　　　　　　　▶정답 ④

2. 등기신청인에 관한 설명 중 옳은 것을 모두 고른 것은? 제33회

> ㉠ 부동산표시의 변경이나 경정의 등기는 소유권의 등기명의인이 단독으로 신청한다.
> ㉡ 채권자가 채무자를 대위하여 등기신청을 하는 경우, 채무자가 등기신청인이 된다.
> ㉢ 대리인이 방문하여 등기신청을 대리하는 경우, 그 대리인은 행위능력자임을 요하지 않는다.
> ㉣ 부동산에 관한 근저당권설정등기의 말소등기를 함에 있어 근저당권 설정 후 소유권이 제3자에게 이전된 경우, 근저당권설정자 또는 제3취득자는 근저당권자와 공동으로 그 말소등기를 신청할 수 있다.

① ㉠, ㉢　　　　　　　　　　　② ㉡, ㉣
③ ㉠, ㉢, ㉣　　　　　　　　　④ ㉡, ㉢, ㉣
⑤ ㉠, ㉡, ㉢, ㉣

해설 ㉡ 채권자대위신청은 채무자로의 등기를 채권자가 대위신청하므로 채권자가 등기신청인, 차무자는 등기권리자가 된다.　　　　　　　　▶정답 ③

ⓛ 구분소유자의 대위신청

> 1. 구분건물 중 <u>일부만 소유권보존등기를 신청하는 경우</u>에는 나머지 구분건물의 표시에 관한 등기를 동시에 신청하여야 한다. 이 경우에 구분건물의 소유자는 1동에 속하는 다른 구분건물의 소유자를 대위하여 그 건물의 표시에 관한 등기를 신청할 수 있다.
> 2. 대지권의 변경 또는 소멸등기의 대위신청: 구분소유자는 다른 구분소유자를 대위하여 신청할 수 있다.

ⓒ 건물의 대지소유자의 대위신청

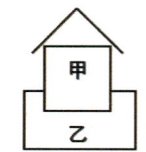

> **건물 멸실 = 甲 : 1월내 멸실등기 신청의무**
> ↓ **1월 내 멸실등기신청 X**
> **乙이 대위신청**
>
> **(건물소유자와 건물대지의 소유자가 다른 경우)**
> **건물이 멸실되거나 존재하지 않는 건물의 등기가 있는 경우에**
> **건물소유자가 건물멸실등기를 1개월 이내 신청하지 않으면 그 건물대지의 소유자가**
> **멸실등기를 대위신청할 수 있다.**

ⓔ 신탁등기 및 그 말소등기의 대위신청: 신탁등기 또는 신탁등기의 말소등기는 수익자 또는 위탁자가 수탁자를 대위하여 신청이 가능하다.

ⓜ 토지수용에 의한 등기신청시 사업주체의 대위신청: 사업주체는 등기명의인 또는 상속인에 갈음하여 토지표시의 변경등기, 등기명의인의 표시변경등기 또는 상속등기의 대위신청이 가능하다.

ⓗ 관공서가 체납처분으로 인한 압류등기를 촉탁하는 경우 등기명의인 또는 상속인, 그 밖의 포괄승계인을 갈음하여 부동산의 표시, 등기명의인의 표시의 변경, 경정 또는 상속, 그 밖의 포괄승계로 인한 권리이전의 등기를 함께 촉탁할 수 있다.

(5) 등기신청의 대리

① 자기 계약 또는 쌍방대리 가능

② 대리인이 될 수 있는 자

방문신청의 대리인	누구나 가능 ⇨ 단, 변호사나 법무사가 아닌 자는 업으로 하지 못한다(금전수수와 관계없이 계속·반복적이면 업이다).
전자신청의 대리인	자격자대리인(변호사, 법무사) 가능

확인문제 •

1. 등기신청에 관한 설명으로 틀린 것은? (다툼이 있으면 판례에 따름) 제33회

① 상속인이 상속포기를 할 수 있는 기간 내에는 상속인의 채권자가 대위권을 행사하여 상속등기를 신청할 수 없다.

② 가등기를 마친 후에 가등기권자가 사망한 경우, 그 상속인은 상속등기를 할 필요 없이 상속을 증명하는 서면을 첨부하여 가등기의무자와 공동으로 본등기를 신청할 수 있다.

③ 건물이 멸실한 경우, 그 건물소유권의 등기명의인이 1개월 이내에 멸실등기신청을 하지 않으면 그 건물대지의 소유자가 그 건물소유권의 등기명의인을 대위하여 멸실등기를 신청할 수 있다.

④ 피상속인으로부터 그 소유의 부동산을 매수한 매수인이 등기신청을 하지 않고 있던 중 상속이 개시된 경우, 상속인은 신분을 증명할 수 있는 서류를 첨부하여 피상속인으로부터 바로 매수인 앞으로 소유권이전등기를 신청할 수 있다.

⑤ 1동의 건물에 속하는 구분건물 중 일부만에 관하여 소유권보존등기를 신청하면서 나머지 구분건물의 표시에 관한 등기를 동시에 신청하는 경우, 구분건물의 소유자는 1동에 속하는 다른 구분건물의 소유자를 대위하여 그 건물의 표시에 관한 등기를 신청할 수 있다.

해설 ① 상속인이 상속포기를 할 수 있는 기간 내에도 상속인의 채권자가 대위권을 행사하여 상속등기를 신청할 수 있다. 채권자가 대위하여 상속등기를 하더라도 상속포기가 가능한 기간 내라면 상속인은 상속포기를 할 수 있기 때문이다.

▶정답 ①

2. 甲이 그 소유의 부동산을 乙에게 매도한 경우에 관한 설명으로 틀린 것은? 제30회

① 乙이 부동산에 대한 소유권을 취득하기 위해서는 소유권이전등기를 해야 한다.

② 乙은 甲의 위임을 받더라도 그의 대리인으로서 소유권이전등기를 신청할 수 없다.

③ 乙이 소유권이전등기신청에 협조하지 않는 경우, 甲은 乙에게 등기신청에 협조할 것을 소구할 수 있다.

④ 甲이 소유권이전등기신청에 협조하지 않는 경우, 乙은 승소판결을 받아 단독으로 소유권이전등기를 신청할 수 있다.

⑤ 소유권이전등기가 마쳐지면, 乙은 등기신청을 접수한 때 부동산에 대한 소유권을 취득한다.

해설 ② 등기신청의 대리는 자기계약과 쌍방대리가 허용된다. 지문은 자기계약이다.

▶정답 ②

3 등기신청에 필요한 정보

1. 등기신청정보(등기신청서)

(1) 제공 원칙과 예외

① 원칙 : 1건 1신청주의 = 개개의 부동산에 대해 개개의 등기원인마다 별개의 신청정보를 제출

② 예외 : 일괄신청주의 = **등기목적과 등기원인이 동일**하거나 그 밖에 대법원규칙으로 정하는 경우에는 여러 개의 부동산에 관한 신청정보를 일괄하여 제공하는 방법으로 할 수 있다.

  예 신탁등기와 권리의 이전등기, 수개의 부동산에 대한 창설적 공동저당이나 추가적 공동저당, 같은 채권의 담보를 위하여 **소유자가 다른 여러 개의 부동산에 대한 저당권등기**를 신청하는 경우 등

③ 신청정보의 기재방식

신청정보	신청인 또는 그 대리인이 기명·날인 또는 서명하여야 한다.
간인	(그 중 1명) 날인 또는 서명 신청서가 여러 장일 때에는 신청인 또는 그 대리인이 간인을 하여야 하고, 등기권리자 또는 등기의무자가 여러 명일 때에는 그 중 1명이 간인 다만, 신청서에 서명을 하였을 때에는 각 장마다 연결되는 서명을 함으로써 간인을 대신한다.
정정인	(전원) 날인 또는 서명 신청서나 그 밖의 등기에 관한 서면을 작성할 때에는 자획을 분명히 하여야 하고, 서면에 적은 문자의 정정, 삽입 또는 삭제를 한 경우에는 그 글자 수를 난외에 적으며 문자의 앞뒤에 괄호를 붙이고 이에 날인 또는 서명하여야 한다. 이 경우 삭제한 문자는 해독할 수 있게 글자체를 남겨두어야 한다.

(2) 기재사항

① **필요적 기재사항** : 반드시 기재해야 하는 사항. 누락하면 각하사유

  ㉠ 부동산의 표시에 관한 사항

   ⓐ 토지의 경우 : 소재와 지번·지목과 면적

   ⓑ 건물의 경우 : 소재와 지번·종류·구조와 면적·건물번호, 부속건물의 종류·구조와 면적

   ⓒ 구분건물의 경우 : 1동 건물의 소재와 지번·종류·구조·면적 등과 대지권이 있는 경우 그 권리와 전유부분의 번호, 구조, 면적

  ㉡ 신청인에 관한 사항(성명 + 주소 + 주민등록번호)

   > ⓐ **대리인**이나 **법인 대표자**의 성명·주소 : 신청서에 기재 ○, 등기부에 기재 ×
   > ⓑ **비법인사단이나 재단의 대표자·관리인**의 성명·주소·주민등록번호 : 신청서에 기재 ○, 등기부에 기재 ○

ⓒ 등기원인과 그 연월일 (보존등기의 경우 ⇨ 기록 × + 신청근거규정 기록 ○)

ⓔ 등기의 목적

ⓜ 관할 등기소의 표시: 부동산소재지 관할 등기소를 기록

ⓗ 신청연월일

ⓢ 등기의무자의 등기필정보. 등기의무자가 없는 신청에서는 제공할 필요 ×

② **임의적 기재사항**: 등기할 것인가의 여부를 당사자의 합의로 정할 수 있는 사항으로 반드시 법령에 근거가 있어야 한다.

> 1. ~특약 (환매특약 등)
> 2. ~약정 (권리소멸의 약정 등)
> 3. ~기간 (환매기간, 전세권존속기간 등)
> 4. 지상권에서의 지료

확인문제

매매를 원인으로 한 토지소유권이전등기를 신청하는 경우에 부동산등기규칙상 신청정보의 내용으로 등기소에 제공해야 하는 사항으로 옳은 것은? 제33회

① 등기권리자의 등기필정보

② 토지의 표시에 관한 사항 중 면적

③ 토지의 표시에 관한 사항 중 표시번호

④ 신청인이 법인인 경우에 그 대표자의 주민등록번호

⑤ 대리인에 의하여 등기를 신청하는 경우에 그 대리인의 주민등록번호

해설 ① '등기의무자'의 등기필정보를 제공하여야 한다.

④⑤ 법인의 대표자나 등기신청의 대리인은 주민등록번호를 기재하지 않는다. ▶정답 ②

2. 등기원인 증명정보(등기원인증서 = 계약서, 확정판결서)

⑴ **검인**: 계약을 원인으로 하는 소유권이전등기의 경우에는 계약서나 판결서에 검인받아 제출하여야 함

⑵ **검인받을 필요 없는 경우**

① **계약이 아닌 경우**: 경매 또는 공매, 상속, 취득시효, 수용, 진정명의회복 등

② 토지거래허가, 주택거래신고필증, 부동산거래신고필증을 받은 경우

③ 계약의 당사자가 국가 또는 지자체인 경우

④ 가등기를 신청하는 경우(본등기를 할 때 검인 받음)

(3) **형식적 심사** : 미등기, 무허가건물에도 검인을 해줌

확인문제 •

2021년에 사인(私人)간 토지소유권이전등기 신청시, 등기원인을 증명하는 서면에 검인을 받아야 하는 경우를 모두 고른 것은? 제32회

㉠ 임의경매	㉡ 진정명의 회복
㉢ 공유물분할합의	㉣ 양도담보계약
㉤ 명의신탁해지약정	

① ㉠, ㉡ ② ㉠, ㉢ ③ ㉡, ㉣
④ ㉢, ㉤ ⑤ ㉢, ㉣, ㉤

해설 ⑤ 검인은 계약을 원인으로 하는 소유권이전등기의 경우에 받아야 한다.
㉢ 공유물분할합의, ㉣ 양도담보계약, ㉤ 명의신탁해지약정은 모두 계약이므로 검인을 받아야 하나, ㉠ 임의경매와 ㉡ 진정명의 회복은 계약이 아니므로 검인을 받을 필요가 없다. ▶ **정답** ⑤

※ 토지거래허가 : 허가구역 내 토지에 대하여 소유권/지상권의 이전 또는 설정에 대한 유상의 예약이나 계약을 하는 경우에 받아야 하는 허가
= 무상이면 받을 필요 없다.
= 가등기할 때에도 받아야 함. 가등기시에 받았다면 본등기할 때에는 면제
※ 농지취득자격증명 : 농지에 대한 (유/무상 불문)소유권이전등기를 하는 경우 받아야 한다.
※ 토지거래허가/농지취득자격증명 면제 사유 : 공유물분할, 포괄유증, 진정명의회복, 상속, 합병, 취득시효, 수용 등

3. 등기의무자의 권리에 관한 등기필정보

🔑 **등기필정보**(등기필증)

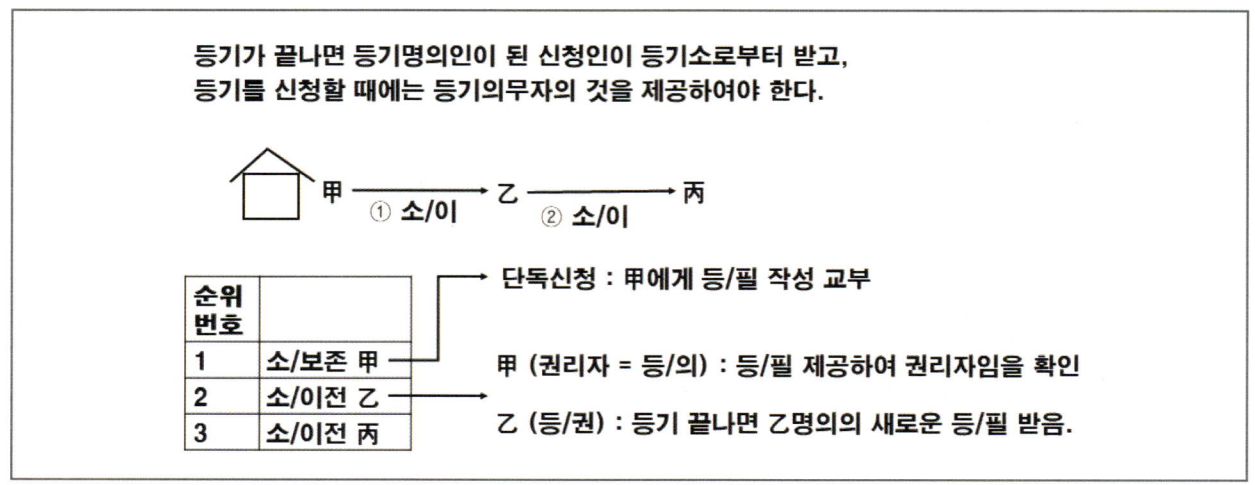

등기필정보는 등기의무자의 존재를 입증하기 위해 작성하는 정보이다.

등기신청할 때 등기의무자가 등기소에 제공하여 본인이 권리자임을 증명하는 용도로 쓰이고, 권리의 등기가 끝나면 등기소에서 등기명의인이 된 신청인(등/권)에게 작성·교부하여 줌으로써 '등기필정보를 가진 자가 권리자'이라는 증명으로 쓰이게 한다.

⑴ **등기필증의 제출을 요하는 경우 = 신청인에 등기의무자가 있는 경우 제출**

공동신청 + 승소한 등기의무자가 단독신청하는 경우

(관공서가 등기촉탁하는 경우에는 관공서가 등기권리자이든 등기의무자이든 면제)

⑵ **등기필증 멸실의 경우**

① 등기필증은 <u>절대로 재교부되지 않는다</u>. 그러므로 대용서면을 제출하여야 한다.

② **대용서면**

> 1. 확인조서 : 등기의무자 본인 또는 그 법정대리인이 등기소에 출석하여 본인 확인
> 2. 확인서면 : 등기의무자 본인 또는 그 법정대리인을 대리인(변호사 또는 법무사에 한함)이 확인한 서면
> 3. 공증서면 부본 : 등기의무자 본인 또는 그 법정대리인의 작성부분에 대한 공증

⑶ **등기필정보의 작성·통지를 하지 않는 경우**(대/승/직/관/공유)

① 신청인과 등기명의인이 다른 경우(대위에 의한 신청, 승소한 등기의무자의 신청에 의한 등기, 직권에 의한 보존등기)와

② 관공서(국가 또는 지방자치단체)가 등기권리자인 경우(다만, 관공서가 등기권리자를 위하여 등기를 촉탁하는 경우에는 등기필정보를 작성·통지한다)

③ 공유자 중 일부가 공유물의 보존행위로서 공유자 전원을 등기권리자로 하여 권리에 관한 등기를 신청한 경우(등기권리자가 그 나머지 공유자인 경우로 한정한다) 다른 공유자

④ 등기권리자가 등기필정보의 통지를 원하지 아니하는 경우

⑤ 등기필정보를 전산정보처리조직으로 통지받아야 할 자가 수신이 가능한 때부터 3개월 이내에 수신하지 않은 경우

⑥ 등기필정보통지서를 수령할 자가 등기를 마친 때부터 3개월 이내에 수령하지 않은 경우

⑷ **등기완료사실의 통지** : 등기를 완료한 때 신청인 및 다음의 사람에게 통지

① 대위채권자의 등기신청시 피대위자(채무자)

② <u>승</u>소한 등기의무자의 등기신청시 등기권리자

③ <u>직</u>권보존등기시 보존등기의 명의인

④ <u>관</u>공서의 등기촉탁시 그 관공서

⑤ <u>공</u>유자 중 일부가 공유물의 보존행위로서 공유자 전원을 등기권리자로 하여 권리에 관한 등기를 신청한 경우 그 나머지 공유자

⑥ 등기필증 멸실시 대용서면에 의한 등기가 된 경우의 등기의무자

(5) 등기필정보는 아라비아 숫자와 그 밖의 부호의 조합으로 이루어진 일련번호와 비밀번호로 구성한다 (등기필정보의 일련번호는 영문 또는 아라비아 숫자를 조합한 12개로 구성하고 비밀번호는 50개를 부여).

(6) 등기필정보 통지의 상대방

① 원칙 ⇨ 등기명의인이 된 신청인

② 예 외

  ㉠ 법정대리인의 신청시 ⇨ 법정대리인

  ㉡ 법인의 대표자의 신청시 ⇨ 대표자

  ㉢ 법인 아닌 사단이나 재단의 대표자 또는 관리인 신청시 ⇨ 그 대표자나 관리인

  ㉣ 관공서가 등기권리자를 위하여 소유권이전등기 촉탁시 ⇨ 그 관공서 또는 등기권리자

확인문제

1. 등기필정보에 관한 설명으로 틀린 것은?　　　　　　　　　　　　　　제30회

① 승소한 등기의무자가 단독으로 등기신청을 한 경우, 등기필정보를 등기권리자에게 통지하지 않아도 된다.

② 등기관이 새로운 권리에 관한 등기를 마친 경우, 원칙적으로 등기필정보를 작성하여 등기권리자에게 통지해야 한다.

③ 등기권리자가 등기필정보를 분실한 경우, 관할 등기소에 재교부를 신청할 수 있다.

④ 승소한 등기의무자가 단독으로 권리에 관한 등기를 신청하는 경우, 그의 등기필정보를 등기소에 제공해야 한다.

⑤ 등기관이 법원의 촉탁에 따라 가압류등기를 하기 위해 직권으로 소유권보존등기를 한 경우, 소유자에게 등기필정보를 통지하지 않는다.

해설 ③ 등기필정보는 재교부되지 않는다.　　　　　　　　　　　　▶정답 ③

2. 등기필정보에 관한 설명으로 옳은 것은? 제34회

① 등기필정보는 아라비아 숫자와 그 밖의 부호의 조합으로 이루어진 일련번호와 비밀번호로 구성한다.

② 법정대리인이 등기를 신청하여 본인이 새로운 권리자가 된 경우, 등기필정보는 특별한 사정이 없는 한 본인에게 통지된다.

③ 등기절차의 인수를 명하는 판결에 따라 승소한 등기의무자가 단독으로 등기를 신청하는 경우, 등기필정보를 등기소에 제공할 필요가 없다.

④ 등기권리자의 채권자가 등기권리자를 대위하여 등기신청을 한 경우, 등기필정보는 그 대위채권자에게 통지된다.

⑤ 등기명의인의 포괄승계인은 등기필정보의 실효신고를 할 수 없다.

해설 ② 법정대리인이 등기를 신청한 경우에는 그 법정대리인에게 등기필정보를 통지한다.
③ 등기의무자가 신청하는 등기의 경우(공동신청하거나 승소한 등기의무자가 단독신청하는 경우)에는 등기의무자의 등기 필정보를 제공하여야 한다.
④ 대/승/직/관 : 등기필정보를 작성하여 통지하지 아니한다.
⑤ 등기필정보의 실효신고는 등기명의인 또는 그 상속인 그 밖의 포괄승계인이 할 수 있다. ▶정답 ①

3. 등기소에 제공해야 하는 부동산등기의 신청정보와 첨부정보에 관한 설명으로 틀린 것은? 제35회

① 등기원인을 증명하는 정보가 등기절차의 인수를 명하는 집행력 있는 판결인 경우, 승소한 등기의무자는 등기신청시 등기필정보를 제공할 필요가 없다.

② 대리인에 의하여 등기를 신청하는 경우, 신청정보의 내용으로 대리인의 성명과 주소를 제공해야 한다.

③ 매매를 원인으로 소유권이전등기를 신청하는 경우, 등기의무자의 주소 또는 사무소 소재지를 증명하는 정보를 제공해야 한다.

④ 등기상 이해관계 있는 제3자의 승낙이 필요한 경우, 이를 증명하는 정보 또는 이에 대항할 수 있는 재판이 있음을 증명하는 정보를 첨부정보로 제공해야 한다.

⑤ 첨부정보가 외국어로 작성된 경우에는 그 번역문을 붙여야 한다.

해설 ① 등기필정보는 등기의무자가 제공하여야 한다. 그러므로 판결을 받아 단독신청하더라도 승소한 '등기의무자'가 신청하는 경우에는 등기필정보를 제공하여야 한다. 승소한 등기권리자가 단독신청하는 경우에는 등기필정보를 제공할 필요가 없다. ▶정답 ①

4. 신청인의 주소증명정보

원 칙	새롭게 등기명의인이 되는 등기권리자의 것을 제출 ○ 등기의무자는 제출할 필요 ×
예 외	소유권이전등기 드는 등기의무자의 동일성 확인이 필요한 경우에는 등기의무자의 것도 제출 ○

5. 주민등록번호 또는 부동산등기용 등록번호 증명정보

원 칙	"새롭게 등기명의인이 되는 등기권리자의 것"을 제출
주민등록번호 없는 때	부동산등기용 등록번호 부여 1. 국가・지방자치단체・국제기관・외국정부 ⇨ 국토교통부장관이 지정・고시 2. 주민등록번호가 없는 재외국민 ⇨ 대법원 소재지 관할 등기소의 등기관이 부여 3. 법인(외국법인 포함) ⇨ 주된 사무소 소재지(외국법인은 국내에 최초로 설치등기를 한 영업소나 사무소 소재지) 관할 등기소의 등기관이 부여 4. 비법인 사단이나 재단(국내에 영업소나 사무소 설치등기를 하지 않은 외국법인 포함) ⇨ 시장・군수・구청장이 부여 5. 외국인 ⇨ 체류지를 관할하는 지방출입국・외국인관서의 장이 부여 국내에 체류지가 없는 경우 대법원 소재지에 체류하는 것으로 본다.

4 등기신청의 절차

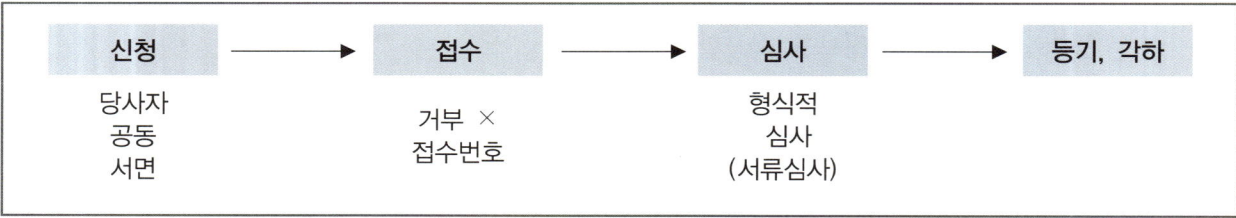

1. 등기관의 처분

(1) 등기관은 등기신청을 반드시 접수하여야 하며, 거절하지 못한다.

(2) 접수효과는 전산정보처리조직에 전자적으로 기록된 때에 발생(방문신청, 전자신청 모두 동일)

(3) 등기관은 접수번호의 순서대로 사건을 처리하여야 한다.

접수번호는 전국 모든 등기소를 통합하여 부여하되, 매년 새로 부여하여야 한다.

(4) **등기의 효력발생시점**: 등기를 마치면 "접수한 때"부터 발생(소급효)

(5) **등기신청에 대한 형식적 심사**: 제출된 자료에 의해 절차적 적법성 심사

➥ 판결을 받은 지 10년이 지난 후의 등기신청이나 유류분을 침해하는 등기신청도 등기관은 각하 하지 못한다.

2. 등기신청의 각하 : 등기관의 기재 거부 처분

(1) 각하사유

의의	등기관의 기재거부처분	
각하사유 (29조 1호 ~11호)	1. 등기소의 관할이 아닌 경우 (1호)	위반한 등기는 절대무효 + 직권말소
	2. 등기할 것이 아닌 경우 (2호)	
	3. 신청권한 없는 자의 신청	위반한 등기는 <u>실체관계와 부합하면 유효</u> ① 무권대리인에 의한 등기 ② 위조서류에 의한 등기
	4. 방문신청시어 당사자 또는 그 대리인이 출석하지 않은 때	
	5. 신청정보가 창식에 적합하지 아니한 때	
	6. 신청정보와 등기기록의 부동산 / 권리의 표시 불일치	
	7. 신청정보와 등기기록의 등기의무자표시 불일치 (단, 포괄승계인의 등기신청이나 등기의무자가 동일인임을 확인할 수 있는 경우는 제외)	
	8. 신청정보와 등기원인증명정보 불일치	
	9. 첨부정보를 제공하지 않은 때	
	10. 취득세, 등록면허세, 신청수수료 미납하거나 다른 법률의 의무를 미이행	
	11. 신청정보 또는 등기기록의 부동산표시가 대장과 불일치	

> **제29조 제7호 【등기의무자의 동일성 판단 기준】** 신청정보의 등기의무자의 표시 중 주민등록번호(또는 부동산 등기용등록번호)는 일치하고 주소(사무소 소재지)가 일치하지 아니하는 경우에도 주소증명정보에 의해 등기 의무자의 동일성이 인정되는 경우에는 신청을 각하하지 아니한다.
> • 적용대상 : 대한민국 국민인 자연인과 법인, 국내에 영업소나 사무소의 설치등기를 한 외국법인
> • 비적용대상 : 외국인, 국내어 영업소나 사무소의 설치등기를 하지 아니한 외국법인, 법인 아닌 사단이나 재단

> **제58조 【직권에 의한 등기의 말소】** ① 등기관이 등기를 마친 후 그 등기가 제29조 제1호 또는 제2호에 해당된 것임을 발견하였을 때에는 등기권리자, 등기의무자와 등기상 이해관계 있는 제3자에게 1개월 이내의 기간을 정하여 그 기간에 이의를 진술하지 아니하면 등기를 말소한다는 뜻을 통지하여야 한다.

사건이 등기할 것이 아닌 때
1. 유치권·점유권·특수지역권·분묘기지권·주위토지통행권의 등기
2. 1부동산 1등기기록의 원칙에 위반한 등기신청 = 보존등기된 부동산에 보존등기 신청
3. 법령에 근거가 없는 특약사항의 등기
4. 구분건물의 전유부분과 대지사용권의 분리처분 금지에 위반한 등기신청
5. 저당권을 피담보채권과 분리하여 양도하거나, 피담보채권과 분리하여 다른 채권의 담보로 하는 등기의 신청
6. 농지에 대한 전세권설정등기의 신청
7. 관공서 또는 법원의 촉탁으로 실행되어야 할 등기를 신청 ⇨ 처분제한등기를 당사자가 신청한 경우
8. 합유지분에 대한 이전등기·이전청구권의 가등기·처분제한등기 등 일체의 등기신청
9. 5년의 기간을 넘는 공유물불분할특약등기 신청
10. 합유지분을 목적으로 하는 등기의 신청
11. 하천법상의 하천에 대한 지상권·지역권·전세권 또는 임차권의 설정, 이전 또는 변경의 등기신청

12. 수인의 가등기권리자 중 일부가 전원명의로 신청하는 본등기	일부가 자기지분만 신청하거나, 전원이 전원명의로 신청 가능
13. 수인의 포괄수증자 중 일부가 전원명의로 신청하는 이전등기	

14. 수인의 공동상속인 중 일부가 자기 상속분만의 상속등기 신청	일부가 전원명의로 신청하거나, 전원이 전원명의로 신청 가능
15. 수인의 공유자 중 일부가 자기 지분만의 보존등기 신청	

16. 1물1권주의

	지/지/전/임	소/이전, 저, 처분제한 등	소유권 보존등기
부동산의 일부	가능	각하	각하
권리 일부(지분)	각하	가능	각하

확인문제 •

1. 등기신청의 각하 사유가 아닌 것은? 제26회

① 공동가등기권자 중 일부의 가등기권자가 자기의 지분만에 관하여 본등기를 신청한 경우
② 구분건물의 전유부분과 대지사용권의 분리처분 금지에 위반한 등기를 신청한 경우
③ 저당권을 피담보채권과 분리하여 양도하거나, 피담보채권과 분리하여 다른 채권의 담보로 하는 등기를 신청한 경우
④ 이미 보존등기된 부동산에 대하여 다시 보존등기를 신청한 경우
⑤ 법령에 근거가 없는 특약사항의 등기를 신청한 경우

해설 ① 가포−자기지분. 옳은 지문이다.
② 구분건물의 전유부분과 대지사용권은 분리처분할 수 없으므로 각하사유
③ 저당권을 피담보채권과 분리하여 양도할 수 없으므로 각하사유
④ 1부동산 1등기기록주의에 따라 각하사유
⑤ 특약이나 약정의 등기는 법령에 근거가 있어야 등기가능. 법령에 근거가 없다면 각하사유 ▶정답 ①

2. 부동산등기법상 등기할 수 없는 것을 모두 고른 것은? 제34회

㉠ 분묘기지권	㉡ 전세권저당권
㉢ 주위토지통행권	㉣ 구분지상권

① ㉠, ㉢   ② ㉡, ㉣   ③ ㉠, ㉡, ㉢
④ ㉠, ㉢, ㉣   ⑤ ㉡, ㉢, ㉣

해설 ① 유치권 · 점유권 · 특수지역권 · 분묘기지권 · 주위토지통행권은 등기할 수 있는 권리가 아니다. ▶정답 ①

3. 부동산등기법 제29조 제2호의 '사건이 등기할 것이 아닌 경우'에 해당하는 것을 모두 고른 것은? (다툼이 있으면 판례에 따름) 제34회

㉠ 위조한 개명허가서를 첨부한 등기명의인 표시변경등기신청
㉡ 「하천법」상 하천에 대한 지상권설정등기신청
㉢ 법령에 근거가 없는 특약사항의 등기신청
㉣ 일부지분에 대한 소유권보존등기신청

① ㉠   ② ㉠, ㉡   ③ ㉢, ㉣
④ ㉡, ㉢, ㉣   ⑤ ㉠, ㉡, ㉢, ㉣

해설 ㉠ 위조한 서류에 의한 등기는 단순히 제29조 제9호 등기에 필요한 첨부정보를 제공하지 아니한 경우에 해당하여 실체관계와 부합하면 유효이므로, 절대무효가 되는 제29조 제2호의 위반이 아니다. ▶정답 ④

4. 등기신청의 각하사유로서 '사건이 등기할 것이 아닌 경우'를 모두 고른 것은? 제35회

> ㉠ 구분건물의 전유부분과 대지사용권의 분리처분 금지에 위반한 등기를 신청한 경우
> ㉡ 농지를 전세권설정의 목적으로 하는 등기를 신청한 경우
> ㉢ 공동상속인 중 일부가 자신의 상속지분만에 대한 상속등기를 신청한 경우
> ㉣ 소유권 외의 권리가 등기되어 있는 일반건물에 대해 멸실등기를 신청한 경우

① ㉠, ㉡   ② ㉡, ㉣   ③ ㉢, ㉣

④ ㉠, ㉡, ㉢   ⑤ ㉠, ㉡, ㉢, ㉣

해설 ㉠ 구분건물의 전유부분과 대지사용권은 분리처분이 금지되므로 그에 위반한 등기신청은 '사건이 등기할 것이 아닌 경우'에 해당한다.
㉡ 농지는 전세권의 목적으로 할 수 없으므로 그에 위반한 등기신청은 '사건이 등기할 것이 아닌 경우'에 해당한다.
㉢ 공동상속인은 전원이 신청하든, 상속인의 일부가 신청하든 전원명의로 상속등기를 신청하여야 하므로 자기의 상속지분만에 대한 상속등기신청은 '사건이 등기할 것이 아닌 경우'에 해당한다. ▶정답 ④

(2) **각하의 방법**: 이유를 적은 결정으로 각하한다(= 서면 각하).

전자신청의 각하도 방문신청과 동일한 방법으로 한다. 전자적인 각하는 인정 ✕

3. 흠결의 보정과 취하

보 정	1. 등기관은 신청인에게 흠결을 보정하도록 권고하는 것이 바람직하나, 보정을 명할 의무가 있는 것은 아니다. 2. 보정 시기: 등기관이 <u>보정을 명한 날의 다음 날까지</u> 보정 3. 방문신청의 보정: 등기소에 출석해서 한다. 　전자신청의 보정: 전산정보처리조직에 의하여 하는 것이 원칙이다.
취 하	1. 취하권자: 등기신청인. 대리인이 취하하는 경우에는 그에 대한 특별수권(취하에 관한 위임장)이 있어야 한다. 2. 공동으로 한 등기신청은 반드시 공동으로 취하하여야 한다. 3. 취하의 시기: 등기의 완료(등기관의 식별부호 기록) 또는 각하결정 전까지 4. ┌ 방문신청의 취하: 등기소에 출석하여 취하서를 제출 　 └ 전자신청의 취하: 취하정보를 전자문서로 등기소에 송신

구 분	방문신청	전자신청
각 하	각하결정서(서면)	각하결정서(서면)
보 정	방문보정	전자보정
취 하	방문취하	전자취하

4. 등기완료 후의 절차

(1) **등기필정보의 작성, 교부** : 등기명의인이 된 등기권리자에게 교부하여야 한다.

(2) **소유권변경 사실의 통지** : 등기관이 다음의 등기를 하였을 때에는 지체 없이 그 사실을 토지의 경우에는 지적소관청에, 건물의 경우에는 건축물대장 소관청에 각각 알려야 한다.

① 소유권의 보존 / 이전

② 소유권의 등기명의인표시의 변경 / 경정

③ 소유권의 변경 / 경정

④ 소유권의 말소 / 말소회복

(3) **과세자료의 제공** : 등기관이 소유권의 보존 또는 이전의 등기[가등기를 포함한다]를 하였을 때에는 지체 없이 그 사실을 부동산 소재지 관할 세무서장에게 통지하여야 한다.

5 방문신청과 전자신청

1. 방문신청

(1) 등기소에 출석하여 신청, 당사자의 존재를 등기소에서 확인 가능

(2) 종이문서 첨부하여 신청

2. 전자신청

전산정보처리조직 이용하여 신청, 당사자의 존재를 확인할 수 없으므로 당사자나 대리인이 미리 사용자등록을 해야 함. 전자문서 제공

(1) **전자신청가능한 본인**

① 사용자등록을 한 **자연인**(외국인 포함)

② 상업등기규칙에 따라 전자증명서를 발급받아 이용등록을 한 **법인**(법인이 전자증명서의 이용등록을 한 경우에는 사용자등록을 한 것으로 본다)

↪ 외국인은 외국인등록을, 재외동포는 국내거소신고를 하여야 한다.

⌐ 법인 아닌 사단이나 재단은 전자신청을 할 수 없다.

(2) **전자신청가능한 대리인**: 변호사나 법무사[= 자격자대리인]가능

　　　　　　　　　　　　　　일반인은 불가능

　　↳ 자격자대리인도 전자신청의 대리를 하려면 사용자등록을 하여야 한다.

(3) **사용자등록 신청시의 첨부서면**

　　① 사용자등록신청정보＋인감증명(3개월 내)＋주소증명서면(3개월 내)

　　② 자격자대리인의 경우 자격증명서면(법무사등록증 등)의 사본

(4) 사용자등록은 당사자 또는 자격자대리인이 직접 등기소(관할과 무관)에 출석해서 하여야 한다.

(5) 공동신청의 경우 양 당사자가 모두 사용자등록을 하여야 한다
　　(대리신청의 경우 본인은 사용자등록을 할 필요가 없다).

(6) 사용자등록의 유효기간은 3년이며, 유효기간 만료일 3개월 전부터 만료일까지 연장신청이 가능하
　　다. 연장기간은 3년(반복연장 가능, 연장신청은 전자문서로 가능)이다.

04 각종 권리에 관한 등기

1 소유권보존등기

(1) **미등기부동산에 대하여 최초로 하는 등기**

　　보존등기 ＝ 등기기록 개설 / 보존등기의 말소 ＝ 등기기록 폐쇄

　　① 단독신청 또는 직권으로 이루어진다.

　　② 등기원인이 없다. ⇨ 신청정보에 등기원인과 그 연월일을 기재하지 않는다.

　　③ 신청정보에 신청근거조항을 기재하여야 한다.

　　④ 규약상 공용부분을 규약폐지 후 취득한 새로운 소유자는 지체 없이 소유권보존등기를 한다.

(2) 보존등기 신청인: 대장, 판결, 수용

① 대장(토/대, 임/대, 건/대)에 <u>최초 소유자로 등록된 자</u> + 그 상속인 / 포괄승계인
　㉠ 상속인이나 포괄승계인은 직접 자기의 명의로 보존등기를 신청할 수 있다.
　㉡ 대장상 이전등록받은 자는 이전등기하여야 하나, <u>지적공부상 (토지) '국가'로부터 이전등록</u>
　　<u>받은 자</u>는 보존등기 가능
② 확정판결로 소유권을 증명하는 자
　㉠ 이행판결, 형성판결, 확인판결 모두 가능(확정판결의 내용이 보존등기 신청인에게 소유권이
　　있음을 증명하는 것이면 됨)
　㉡ 확정판결과 동일한 효력의 각종 조서도 포함(화해·인낙·조정조서 등)
　㉢ 대장의 소유자가 특정곤란할 때에는 판결받아 보존등기 가능
　　<u>토지는 국가를 상대, 건물은 시장·군수·(자치)구청장을 상대</u>
　㉣ 당해 부동산이 보존등기 신청인의 소유임을 이유로 타인 명의의 소유권보존등기의 말소를
　　명하는 판결에 의하여서도 소유권보존등기를 신청할 수 있다.
③ 수용으로 소유권을 취득하였음을 증명하는 자
　㉠ 수용은 원시취득이드로 <u>미등기부동산의 수용</u>시에는 소유권보존등기를 한다.
　㉡ 이미 <u>등기된</u> 부동산의 수용은 원시취득이지만 이전등기를 한다.

➥ 건물의 보존등기 신청인: "특별자치도지사, 시장, 군수 또는 (자치)구청장의 확인"에 의하여 자
기의 소유권을 증명하는 자(사실확인서)

(3) 직권보존등기

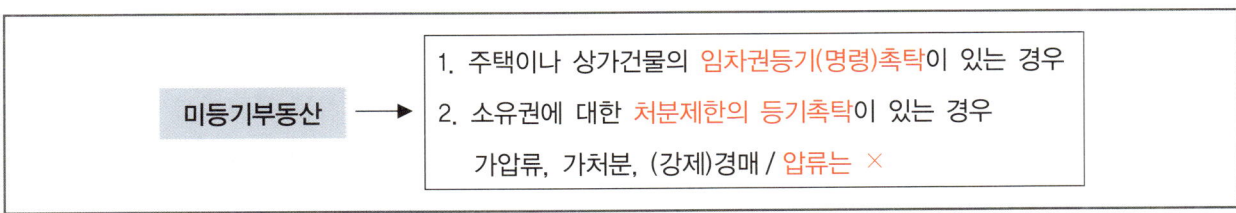

미등기부동산 →
1. 주택이나 상가건물의 임차권등기(명령)촉탁이 있는 경우
2. 소유권에 대한 처분제한의 등기촉탁이 있는 경우
　가압류, 가처분, (강제)경매 / 압류는 ✕

① 처분제한이란 가압류, 가처분, (강제)경매등기 등을 말한다(압류는 처분제한에 해당하지만, <u>직권</u>
<u>보존등기의 대상에서는 ~~빠진다~~</u>).
② **가압류**: 금전채권의 보전목적으로 하는 처분제한
　가처분: 금전채권의 보전목적 이외의 다른 목적으로 하는 처분제한
③ 처분제한등기는 처분을 제한할 뿐 '처분금지'의 효력은 없다.
④ 처분제한등기는 촉탁으로 이루어져야 하는 등기이므로 당사자가 신청할 수 없다.

확인문제 •

1. 대장은 편성되어 있으나 미등기인 부동산의 소유권 보존등기에 관한 설명으로 틀린 것은? 제33회

① 등기관이 보존등기를 할 때에는 등기원인과 그 연월일을 기록해야 한다.
② 대장에 최초 소유자로 등록된 자의 상속인은 보존등기를 신청할 수 있다.
③ 수용으로 인하여 소유권을 취득하였음을 증명하는 자는 미등기토지에 대한 보존등기를 신청할 수 있다.
④ 군수의 확인에 의해 미등기건물에 대한 자기의 소유권을 증명하는 자는 보존등기를 신청할 수 있다.
⑤ 등기관이 법원의 촉탁에 따라 소유권의 처분제한의 등기를 할 때는 직권으로 보존등기를 한다.

해설 ① 보존등기는 원시취득이므로 등기원인이 없다. 그러므로 등기원인과 그 연월일은 기록하지 않는다. ▶정답 ①

2. 소유권보존등기에 관한 설명으로 틀린 것은? 제30회

① 토지에 대한 소유권보존등기의 경우, 등기원인과 그 연월일을 기록해야 한다.
② 토지에 대한 기존의 소유권보존등기를 말소하지 않고는 그 토지에 대한 소유권보존등기를 할 수 없다.
③ 군수의 확인에 의해 미등기 건물이 자기의 소유임을 증명하는 자는 소유권보존등기를 신청할 수 있다.
④ 건물소유권보존등기를 신청하는 경우, 건물의 표시를 증명하는 첨부정보를 제공해야 한다.
⑤ 미등기 주택에 대해 임차권등기명령에 의한 등기촉탁이 있는 경우, 등기관은 직권으로 소유권보존등기를 한 후 임차권등기를 해야 한다.

해설 ① 보존등기는 등기원인이 없으므로 등기원인과 그 연월일은 기재하지 않는다. ▶정답 ①

3. 소유권등기에 관한 설명으로 틀린 것은? (다툼이 있으면 판례에 따름) 제34회

① 미등기 건물의 건축물대장상 소유자로부터 포괄유증을 받은 자는 자기 명의로 소유권보존등기를 신청할 수 있다.
② 미등기 부동산이 전전양도된 경우, 최후의 양수인이 소유권보존등기를 한 때에도 그 등기가 결과적으로 실질적 법률관계에 부합된다면, 특별한 사정이 없는 한 그 등기는 무효라고 볼 수 없다.
③ 미등기 토지에 대한 소유권을 군수의 확인에 의해 증명한 자는 그 토지에 대한 소유권보존등기를 신청할 수 있다.
④ 특정유증을 받은 자로서 아직 소유권등기를 이전받지 않은 자는 직접 진정명의회복을 원인으로 한 소유권이전등기를 청구할 수 없다.
⑤ 부동산 공유자의 공유지분 포기에 따른 등기는 해당 지분에 관하여 다른 공유자 앞으로 소유권이전등기를 하는 형태가 되어야 한다.

해설 ③ 군수의 확인으로 보존등기를 할 수 있는 것은 건물이어야 한다. ▶정답 ③

⑷ 공유, 합유

공유	합유
공유지분은 등기되므로 공유지분 이전등기 ○ 공유지분 이전청구권의 가등기 ○ 공유지분 처분제한등기 ○ 공유지분 저당권등기 ○	합유지분은 등기되지 않으므로 합유지분 이전등기 × 합유지분 이전청구권의 가등기 × 합유지분 처분제한등기 × 합유지분 저당권등기 ×
공유지분을 목적으로 하는 지/지/전/임 등기는 × 공유지분만/부동산 일부만 보존등기 ×	잔존합유자 전원의 동의를 받으면 합유지분도 처분할 수 있으나, 합유지분의 이전등기가 불가능하므로 '합유명의인 변경등기'를 한다.

※ 공유 ◀▶ 합유 : 소유권 변경등기
※ 공유 · 합유 ◀▶ 총유 : 소유권 이전등기
※ 공유 : 지분 기재 ○
※ 합유 : 지분 기재 ×, '합유'라는 뜻을 기재 ○
※ 공유관계에 기초한 등기는 공유자 전원이 공동신청한다(공유물분할금지약정을 등기하거나 분할금지기간의 약정을 갱신하는 경우 등).
※ 공유지분의 포기로 인한 소유권이전등기 : 지분포기자가 등기의무자, 잔존 공유자가 등기권리자가 되어 공동신청한다.

확인문제

1. 공유에 관한 등기에 대한 설명으로 옳은 것은? (다툼이 있으면 판례에 따름)   제30회
① 미등기 부동산의 공유자 중 1인은 전체 부동산에 대한 소유권보존등기를 신청할 수 없다.
② 공유자 중 1인의 지분포기로 인한 소유권이전등기는 지분을 포기한 공유자가 단독으로 신청한다.
③ 등기된 공유물 분할금지기간 약정을 갱신하는 경우, 공유자 중 1인이 단독으로 변경을 신청할 수 있다.
④ 건물의 특정부분이 아닌 공유지분에 대한 전세권설정등기를 할 수 있다.
⑤ 1필의 토지 일부를 특정하여 구분소유하기로 하고 1필지 전체에 공유지분등기를 마친 경우, 대외관계에서는 1필지 전체에 공유관계가 성립한다.

해설 ① 공유자 중 1인이 전원명의로 부동산 전부에 대한 보존등기를 신청할 수 있다.
② 지분포기자를 등기의무자, 나머지 공유자를 등기권리자로 하여 공동신청한다.
③ 공유자 전원이 신청한다.
④ 공유지분에 대한 용익물권과 임차권의 등기는 할 수 없다.
▶정답 ⑤

2. 합유등기에 관한 설명으로 틀린 것은? 제30회

① 민법상 조합의 소유인 부동산을 등기할 경우, 조합원 전원의 명의로 합유등기를 한다.

② 합유등기를 하는 경우, 합유자의 이름과 각자의 지분비율이 기록되어야 한다.

③ 2인의 합유자 중 1인이 사망한 경우, 잔존 합유자는 그의 단독소유로 합유명의인 변경등기신청을 할 수 있다.

④ 합유자 중 1인이 다른 합유자 전원의 동의를 얻어 합유지분을 처분하는 경우, 지분이전등기를 신청할 수 없다.

⑤ 공유자 전원이 그 소유관계를 합유로 변경하는 경우, 변경계약을 등기원인으로 변경등기를 신청해야 한다.

해설 ② 합유지분은 등기되지 않는다. ▶ **정답** ②

2 소유권이전등기

부동산 등기법	권리의 등기	신청의무 없다.		
	표제부 등기	1개월 이내의 신청의무 부과 ① 토지나 건물의 (표시)변경등기 ② 토지나 건물의 멸실등기 ↪ 단, 부존재건물의 등기는 **지체 없이** 멸실등기 신청		
부동산 등기 특별 조치법	소유권 보존 등기의무	미등기부동산에 대해 소유권이전계약을 체결한 경우	계약체결시 보존등기가 가능한 경우	계약체결일부터 60일 이내 신청
			계약체결 후 보존등기가 가능해진 경우	보존등기의 신청가능일부터 60일 이내 신청
	소유권 이전 등기의무	쌍무계약	반대급부의 이행완료일부터 60일 이내 신청	
		편무계약	계약의 효력발생일부터 60일 이내 신청	

① 갑구에 주등기로 한다.

② 소유권이전등기를 한 후 종전의 등기는 말소하지 않는다.

1. 계약(매매, 교환, 증여 등) 원인 소유권이전등기

(1) **공동신청**: 등기권리자 + 등기의무자

(2) '매매'를 원인으로 하는 소유권이전등기를 신청하는 경우에는
  ① '거래가액'을 신청서에 적어야 함. 거래가액은 등기됨
    ➥ 매매목록: 매매부동산이 2개 이상이면 첨부,
       부동산이 1개 + 여러 명의 매도인 + 여러 명의 매수인이면 첨부
  ② **거래가액의 등기방법**
    ㉠ 매매목록 제공 ×: 갑구의 권리자 및 기타사항란에 거래가액을 기록
    ㉡ 매매목록 제공 ○: 전자적으로 작성한 매매목록에 거래가액을 기록
       + 등기기록 중 갑구의 권리자 및 기타사항란에 그 매매목록의 번호를 기록

(3) **공유지분 이전등기**

단독소유권 일부이전	⇨	소유권 일부이전
공유자 甲 지분 전부이전	⇨	甲 지분 전부이전
공유자 甲 1/2 지분 중 1/2 이전	⇨	甲 지분 1/2 중 일부(1/4) 이전 ※ ( )안에는 전체에 대한 지분 기재

  ① 공유관계에 기초한 등기는 공유자 전원이 공동신청한다(공유물분할약정을 등기하거나 분할금지 기간의 약정을 갱신하는 경우).
  ② 공유자 중 1인이 지분을 포기하는 경우에는 포기한 공유자가 등기의무자, 나머지 공유자가 등기권리자가 되어 공동신청한다.

1. 소유권에 관한 등기의 설명으로 옳은 것을 모두 고른 것은? 제32회

> ㉠ 공유물분할금지약정이 등기된 부동산의 경우에 그 약정상 금지기간 동안에는 그 부동산의 소유권 일부에 관한 이전등기를 할 수 없다.
> ㉡ 2020년에 체결된 부동산매매계약서를 등기원인을 증명하는 정보로 하여 소유권이전등기를 신청하는 경우에는 거래가액을 신청정보의 내용으로 제공하여야 한다.
> ㉢ 거래가액을 신청정보의 내용으로 제공하는 경우, 1개의 부동산에 관한 여러 명의 매도인과 여러 명의 매수인 사이의 매매계약인 때에는 매매목록을 첨부정보로 제공하여야 한다.
> ㉣ 공유물분할금지약정이 등기된 경우, 그 약정의 변경등기는 공유자 중 1인이 단독으로 신청할 수 있다.

① ㉠, ㉡   ② ㉠, ㉢   ③ ㉡, ㉢
④ ㉡, ㉣   ⑤ ㉢, ㉣

해설 ㉠ 공유물분할금지약정이 등기된 부동산의 경우에 그 약정상 금지기간 동안에 공유물분할을 할 수 없는 것이지 그 부동산의 소유권 일부에 관한 이전등기를 할 수 없는 것이 아니다.
㉣ 공유물분할금지약정의 변경등기는 공유관계에 기한 것이므로 공유자 전원이 공동으로 신청하여야 한다.

▶정답 ③

2. 2022년에 체결된 「부동산 거래신고 등에 관한 법률」 제3조 제1항 제1호의 부동산 매매계약의 계약서를 등기원인증서로 하는 소유권이전등기에 관한 설명으로 틀린 것은? 제33회

① 신청인은 위 법률에 따라 신고한 거래가액을 신청정보의 내용으로 등기소에 제공해야 한다.
② 신청인은 시장·군수 또는 구청장이 제공한 거래계약신고필증정보를 첨부정보로서 등기소에 제공해야 한다.
③ 신고 관할관청이 같은 거래부동산이 2개 이상인 경우, 신청인은 매매목록을 첨부정보로서 등기소에 제공해야 한다.
④ 거래부동산이 1개라 하더라도 여러 명의 매도인과 여러 명의 매수인 사이의 매매계약인 경우는 매매목록을 첨부정보로서 등기소에 제공해야 한다.
⑤ 등기관은 거래가액을 등기기록 중 갑구의 등기원인란에 기록하는 방법으로 등기한다.

해설 ⑤ 거래가액은 갑구의 [권리자 및 기타사항]란에 기록한다. 매매목록이 작성된 경우에는 매매목록에 거래가액을 기록하고 갑구의 [권리자 및 기타사항]란에 매매목록의 번호를 기록한다. ▶정답 ⑤

2. 수용으로 인한 소유권이전등기

🔥 토지수용을 등기원인으로 한 소유권이전등기

[갑구]	(소유권에 관한 사항)			
순위번호	등기목적	접수	등기원인	권리자 및 기타사항
2	소유권이전	2015년3월5일 제2850호	2015년1월4일 매매	소유자 김양 950121-******* 경기도 연천군 군남면 1250
3	소유권이전	2017년3월5일 제3650호	2017년1월4일 토지수용	소유자 국 관리청 국토교통부 235

[을구]	(소유권 이외의 권리에 관한 사항)			
순위번호	등기목적	접수	등기원인	권리자 및 기타사항
1	근저당권 설정	2015년3월5일 제2850호	2015년3월4일 설정계약	채권최고액 금500,000,000원 채무자 양 군 서울특별시 동작구 사당로 2556길 419 (사당동) 근저당권자 김 양 950121 ******** 경기도 연천군 군남면 1250
2	전세권설정	2017년4월5일 제3650호	2017년4월3일 설정계약	전세금 금200,000,000원 범위 건물 전부 존속기간 2015년3월5일부터 2017년3월4일까지 전세권자 김 양 950121 ******** 경기도 연천군 군남면 1250
3	1번근저당권 설정등기말소		2019년5월7일 토지수용	2019년5월8일 등기
4	2번전세권 설정등기말소		2019년5월7일 토지수용	2019년5월8일 등기

(1) **수용은 법률규정에 의한 권리취득** : 수용개시일에 등기없이도 권리 취득

(2) **원칙** : 단독신청 (원시취득)

예외 : 관공서가 수용하는 경우에는 촉탁

※ 법 제99조(수용으로 인한 등기) ② 등기권리자는 수용으로 인한 이전등기의 신청을 하는 경우에 등기명의인이나 상속인, 그 밖의 포괄승계인을 갈음하여 부동산의 표시 또는 등기명의인의 표시의 변경, 경정 또는 상속, 그 밖의 포괄승계로 인한 소유권이전의 등기를 신청할 수 있다.

(3) 재결의 실효로 인한 소유권이전등기의 말소등기는 공동신청

⇨ 재결의 실효로 인하여 직권말소되었던 등기는 직권회복

(4) 미등기 토지 수용 = 보존등기

등기된 토지 수용 = 이전등기

(5) **기록사항**

① **등기원인** : 토지수용

② **등기원인일자** : 수용의 개시일

③ **등기원인증서** : 재결서 또는 협의성립확인서

(6) 등기된 토지의 수용은 이전등기의 형식을 취하나 법적효과는 원시취득이므로 기존 등기부상의 권리의 등기는 직권말소한다.

단, 다음의 등기는 말소를 하지 않는다.

① 수용개시일 이전의 소유권보존·이전등기

② 수용개시일 이전에 발생한 상속을 원인으로 수용개시일 이후에 경료된 상속등기

③ 그 부동산을 위하여 존재하는 (요역지)지역권등기

④ 재결로 존속이 인정된 권리

확인문제 •

1. 수용으로 인한 등기에 관한 설명으로 옳은 것을 모두 고른 것은?　　제30회

> ㉠ 수용으로 인한 소유권이전등기는 토지수용위원회의 재결서를 등기원인증서로 첨부하여 사업시행자가 단독으로 신청할 수 있다.
> ㉡ 수용으로 인한 소유권이전등기신청서에 등기원인은 토지수용으로, 그 연월일은 수용의 재결일로 기재해야 한다.
> ㉢ 수용으로 인한 등기신청 시 농지취득자격증명을 첨부해야 한다.
> ㉣ 등기권리자의 단독신청에 따라 수용으로 인한 소유권이전등기를 하는 경우, 등기관은 그 부동산을 위해 존재하는 지역권의 등기를 직권으로 말소해서는 안 된다.
> ㉤ 수용으로 인한 소유권이전등기가 된 후 토지수용위원회의 재결이 실효된 경우, 그 소유권이전등기의 말소등기는 원칙적으로 공동신청에 의한다.

① ㉠, ㉡, ㉢　　　　② ㉠, ㉢, ㉣　　　　③ ㉠, ㉣, ㉤
④ ㉡, ㉢, ㉤　　　　⑤ ㉡, ㉣, ㉤

해설 ㉡ 등기원인일자는 수용의 개시일이다. 재결일이 아니다.
㉢ 토지수용의 경우 농지취득자격증명은 필요없다.　　　　▶**정답** ③

2. 부동산등기에 관한 설명으로 옳은 것을 모두 고른 것은?　　제31회

> ㉠ 국가 및 지방자치단체에 해당하지 않는 등기권리자는 재결수용으로 인한 소유권이전등기를 단독으로 신청할 수 있다.
> ㉡ 등기관은 재결수용으로 인한 소유권이전등기를 하는 경우에 그 부동산을 위하여 존재하는 지역권의 등기를 직권으로 말소하여야 한다.
> ㉢ 관공서가 공매처분을 한 경우에 등기권리자의 청구를 받으면 지체 없이 공매처분으로 인한 권리이전의 등기를 등기소에 촉탁하여야 한다.
> ㉣ 등기 후 등기사항에 변경이 생겨 등기와 실체관계가 일치하지 않을 때는 경정등기를 신청하여야 한다.

① ㉠, ㉢　　　　② ㉠, ㉣　　　　③ ㉡, ㉢
④ ㉠, ㉡, ㉣　　　　⑤ ㉡, ㉢, ㉣

해설 ㉡ 수용은 원시취득이지만, 직권말소하지 않는 등기가 4가지 있다. 수용되는 부동산을 위하여 존재하는 지역권의 등기(= 요역지지역권등기)가 그 중 하나이다.
㉣ 등기 후 변경사항의 등기는 후발적 불일치를 시정하는 등기이므로 변경등기를 한다. 경정등기는 처음부터 있는 불일치, 즉 원시적 불일치를 시정하는 등기이다.　　　　▶**정답** ①

3. 진정명의회복을 원인으로 하는 소유권이전등기

🔸 진정명의회복을 등기원인으로 한 소유권이전등기

[갑구]		(소유권에 관한 사항)		
순위번호	등기목적	접수	등기원인	권리자 및 기타사항
2	소유권이전	2015년3월5일 제2850호	2015년1월4일 매매	소유자 양 군 700419-******* 서울특별시 동작구 사당로 2556길 419(사당동)
3	소유권이전	2017년3월5일 제3650호	2017년1월4일 매매	소유자 김양 950121-******* 경기도 연천군 군남면 1250
4	소유권이전	2018년4월6일 제8765호	진정명의회복	소유자 양 군 700419-******* 서울특별시 동작구 사당로 2556길 419(사당동)

의 의	등기명의인이 무권리자일 때 소유권을 회복하는 방법 ㉠ 말소등기: 후순위 권리자 모두를 상대하여 모두 말소하는 방법 ㉡ 진정명의회복 원인 소유권이전등기: 현재의 소유자만 상대
등기원인	등기원인은 '진정명의회복'으로 기재 단, 등기원인일자는 기재 ×
첨부서면	진정명의회복은 '계약'이 아니므로 검인이나 토지거래허가를 요하지 않고, '회복'이지 취득이 아니므로 농지취득자격증명도 필요 없다.
특이사항	진정명의회복 원인 소유권이전청구권은 물권적 청구권이므로 가등기할 수 없다.

확인문제

진정명의회복을 위한 소유권이전등기에 관한 설명으로 옳은 것을 모두 고른 것은? 제35회

> ㉠ 진정명의회복을 원인으로 하는 소유권이전등기를 신청하는 경우, 그 신청정보에 등기원인 일자는 기재하지 않는다.
> ㉡ 토지거래허가의 대상이 되는 토지에 관하여 진정명의회복을 원인으로 하는 소유권이전등기를 신청하는 경우에는 토지거래허가증을 첨부해야 한다.
> ㉢ 진정명의회복을 위한 소우권이전등기청구소송에서 승소확정판결을 받은 자는 그 판결을 등기원인으로 하여 현재 등기명의인의 소유권이전등기에 대하여 말소등기를 신청할 수는 없다.

① ㉠   ② ㉡   ③ ㉠, ㉢
④ ㉡, ㉢   ⑤ ㉠, ㉡, ㉢

해설 ㉡ 진정명의회복을 원인으로 하는 소유권이전등기는 '회복'하는 것이지 계약으로 인한 것이 아니므로 검인, 토지거래허가, 농지취득자격증명 등을 제공할 필요 없다.
㉠ 진정명의회복은 등기원인은 '진정명의회복'으로 기재하되, 등기원인일자는 존재하지 않으므로 기재하지 않는 것이 옳고,
㉢ '이전'등기를 청구하는 소송에서 승소확정판결을 받으면 '이전'등기를 신청할 수 있는 것이고 달소등기를 신청할 수는 없으므로 옳다. ▶ 정답 ③

4. 상속을 원인으로 하는 소유권이전등기

(1) **등기원인**: 상속
등기원인일자: 상속개시일(피상속인 사망일)

(2) 상속인 1인 또는 전원이 **상속인 전원명의로** 단독신청을 한다.
➥ 상속인 중의 1인이 <u>자기 지분만에 관한 상속등기 신청은 인정</u> ✕

분 류	등기원인	등기원인일자	등기목적
법정상속분	상속	피상속인 사망일	소유권이전
상속재산 분할협의	협의분할에 의한 상속	피상속인 사망일	소유권이전
상속등기 후 분할협의	협의분할로 인한 상속	협의분할 일자	소유권경정

5. 유증으로 인한 소유권이전등기

① 유증의 효력	유증은 유언자가 <u>사망해야</u> 효력 발생하므로 <u>유언자가 사망하기 전</u>에는 가등기도 할 수 없다. 특정유증 : 등기해야 효력발생 포괄유증 : 유언자 사망시 등기없이 효력발생
② 포괄수증자가 수인인 경우	전원이 공동으로 신청하거나, 각자가 자기 지분만에 대하여 신청할 수 있다. 1인이 전원명의로 신청할 수는 없다.
③ 등기신청	포괄유증, 특정유증 모두 유언집행자 또는 상속인과 수증자가 공동신청 ↘ 유증에 조건이나 기한이 붙은 경우 등기원인일자는 조건성취일이나 기한도래일을 기재
④ 유류분 관련	유증이 상속인의 <u>유류분을 침해</u>하는 내용이라 하더라도 등기관은 이를 수리하여야 한다 (= 각하할 수 없다. 형식적 심사권).

분 류	포괄유증	특정유증
미등기 부동산 유증	직접 수증자 명의로 보존등기	유언집행자가 상속인 명의로 보존등기 후 수증자 명의로 이전등기 신청
등기된 부동산 유증	① 유증자명의 ⇨ 직접 수증자명의(상속등기 거치지 않음)로 이전등기 ② 단, 상속등기가 이미 경료된 경우 　　상속인명의 ⇨ 직접 수증자명의(상속등기 말소할 필요 ×)로 이전등기	

6. 환매특약등기

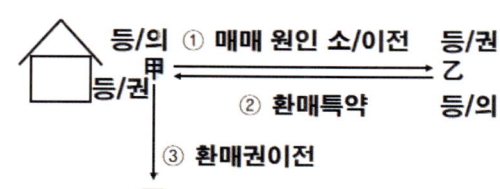

(1) 환매특약등기와 매매 원인 소유권이전
   등기 : 동시신청 + 별개 신청서
(2) 필요적 기재사항 : 매매대금, 매매비용
(3) 환매권의 이전등기 : 부기등기의 부기
   등기

1	소/보존 甲
2	소/이전 乙 원인 : 환매특약부 매매
2-1	환매특약 매매대금 : 5억원 매매비용 : 1백만원
2-1-1	환매권 이전 丙

🔥 환매특약등기

[갑구]	(소유권에 관한 사항)			
순위번호	등기목적	접수	등기원인	권리자 및 기타사항
1	소유권보존	2015년 3월 5일 제2850호		소유자 김양 　950121-******* 　서울특별시 서초구 서초동 419
2	소유권이전	2017년 3월 5일 제3650호	2017년 3월 3일 환매특약부매매	소유자 양 군 　700419-******* 　서울특별시 동작구 사당로 2556길 　419(사당동)
2-1	환매특약	2017년 3월 5일 제3650호	2017년 3월 3일 특약	매수인이 지급한 대금 　금 500,000,000원 매매비용 금1,000,000원 환매기간 2019년 8월 15일 환매권자 김양 　950121-******* 　서울특별시 서초구 서초동 419
3	소유권이전	2019년 8월 5일 제9876호	2019년 8월 3일 환매	소유자 김양 　950121-******* 　서울특별시 서초구 서초동 419
4	2-1환매권말소			3번 소유권이전등기로 인하여 2019년 8월 5일 등기

확인문제 ●

1. 환매특약의 등기에 관한 설명으로 틀린 것은?   제33회

① 매매비용을 기록해야 한다.

② 매수인이 지급한 대금을 기록해야 한다.

③ 환매특약등기는 매매로 인한 소유권이전등기가 마쳐진 후에 신청해야 한다.

④ 환매기간은 등기원인에 그 사항이 정하여져 있는 경우에만 기록한다.

⑤ 환매에 따른 권리취득의 등기를 한 경우, 등기관은 특별한 사정이 없는 한 환매특약의 등기를 직권으로 말소해야 한다.

해설 ③ 환매특약등기와 매매로 인한 소유권이전등기는 동시에 신청하여야 한다. 매매로 인한 소유권이전등기를 한 후에 신청한 환매특약등기는 각하하여야 한다.   ▶정답 ③

2. 환매특약 등기에 관한 설명으로 틀린 것은?   제35회

① 매매로 인한 소유권이전등기의 신청과 환매특약등기의 신청은 동시에 하여야 한다.

② 환매등기의 경우 매도인이 아닌 제3자를 환매권리자로 하는 환매등기를 할 수 있다.

③ 환매특약등기에 처분금지적 효력은 인정되지 않는다.

④ 매매목적물의 소유권의 일부 지분에 대한 환매권을 보류하는 약정을 맺은 경우, 환매특약등기 신청은 할 수 없다.

⑤ 환매기간은 등기원인에 그 사항이 정하여져 있는 경우에만 기록한다.

해설 ② 환매는 매도인이 매도한 그 물건을 매수인으로부터 다시 매수하는 것이므로 매도인이 환매권리자이어야 한다. 즉, 판 사람이 다시 사는 것이다.   ▶정답 ②

7. 신탁에 관한 등기

🔥 신탁에 관한 등기

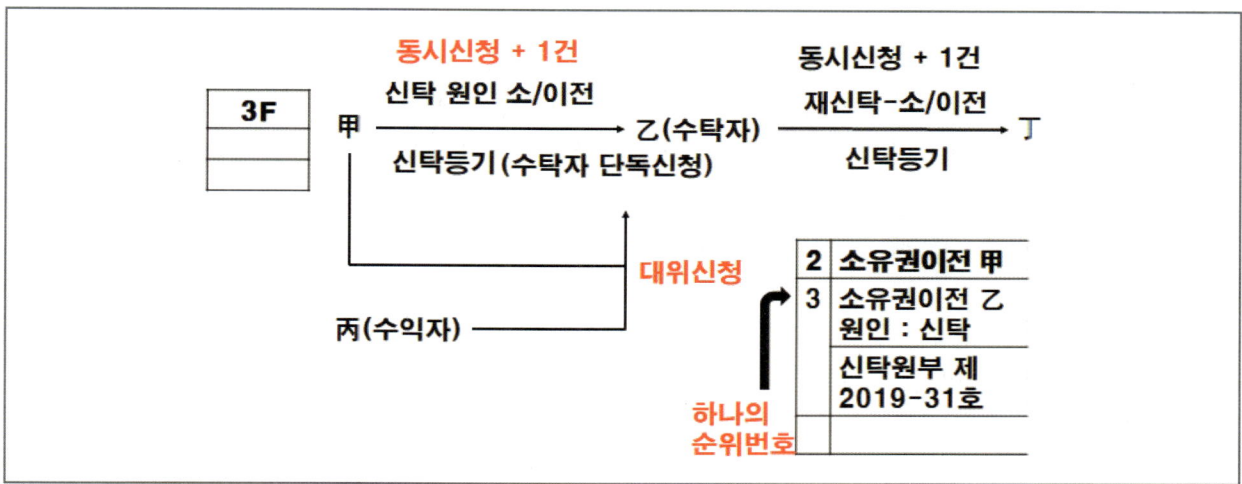

[신탁 원인 소유권이전등기와 신탁등기]

[갑구]				(소유권에 관한 사항)
순위번호	등기목적	접수	등기원인	권리자 및 기타사항
2	소유권이전	2017년3월5일 제3650호	2017년3월3일 매매	소유자 양 군 700419-******* 서울특별시 동작구 사당로 2556길 419(사당동)
3	소유권이전	2019년8월5일 제9876호	2019년8월3일 신탁	수탁자 김양 950121-******* 서울특별시 서초구 서초동 419
	신탁			신탁원부 제2017-32호
3-1	3번 주의사항			이 부동산에 관하여 매매·임대차 등의 법률행위를 하는 경우에는 신탁원부를 통하여 신탁의 목적, 수익자, 신탁재산의 관리·처분 등에 관한 신탁조항을 확인할 필요가 있음. 2025년1월30일 등기

개 념	신탁을 원인으로 하는 권리의 이전이나 보존 또는 설정등기와 별개의 등기
신청절차	㉠ 단독신청: 부동산의 신탁등기와 신탁등기의 말소등기는 수탁자가 단독신청한다. ㉡ 대위신청: 위탁자나 수익자는 신탁등기 또는 신탁등기의 말소등기를 수탁자를 대위하여 단독신청할 수 있다. ㉢ 재신탁: 새로운 신탁의 수탁자가 단독신청한다.
신청정보	권리의 이전·보존·설정등기의 신청과 함께 <u>1건의 신청정보로 일괄하여 신청</u> (대위신청하는 경우에는 동시신청할 필요 없다)
신탁원부	부동산마다 별개로 등기관이 작성
등기실행	권리의 이전·보존·설정등기와 신탁등기는 <u>하나의 순위번호</u>를 사용 신탁재산이 소유권인 경우 등기관은 신탁재산에 속하는 부동산의 거래에 관한 주의사항을 신탁등기에 부기등기로 기록하여야 한다. 주의사항: "이 부동산에 관하여 임대차 등의 법률행위를 하는 경우에는 등기사항증명서뿐만 아니라 등기기록의 일부인 신탁원부를 통하여 신탁의 목적, 수익자, 신탁재산의 관리 및 처분에 관한 신탁 조항 등을 확인할 필요가 있음"
합 유	수탁자가 여러 명인 경우: 합유
고유재산	신탁재산이 수탁자의 고유재산으로 된 뜻의 등기는 '<u>주등기</u>'로 한다.
가등기	신탁의 가등기도 가능
신탁등기의 말소	① 신탁된 권리의 이전·변경·말소등기와 신탁등기의 말소신청은 <u>1건의 신청정보로 일괄</u>하여 신청하여야 한다. ② 신탁등기의 말소등기는 수탁자가 단독으로 신청할 수 있으며, 수익자나 위탁자가 수탁자를 대위하여 신탁등기의 말소등기를 신청할 수 있다.
신탁등기와 타 등기	① <u>위탁자는 현재의 소유자가 아니므로</u> 위탁자를 등기의무자로 한 저당권설정등기 등은 각하의 대상이다. 단, 신탁 전에 설정된 근저당권이나 가압류에 의한 경매등기는 수리한다. ② 수탁자가 현재 소유자이므로 수탁자를 등기의무자로 한 등기신청은 신탁의 목적에 반하지 않는 한 수리한다. ③ 신탁목적 부동산에 대한 분할등기는 가능하나, 합필등기는 대상 부동산의 신탁등기 사항이 동일한 경우에만 가능하다.
신탁원부 기록의 변경등기	① 수탁자 해임의 <u>재판</u>, 신탁관리인의 선임 또는 해임의 <u>재판</u>, 신탁 변경의 <u>재판</u>을 한 경우: 법원의 촉탁으로 변경등기 ② 수탁자를 직권으로 해임한 경우, 신탁관리인을 직권으로 선임하거나 해임한 경우, 신탁내용의 변경을 명한 경우: 법무부장관의 촉탁으로 변경등기 ③ <u>수탁자의 변경으로 인한 이전등기</u>, 여러 명의 수탁자 중 <u>1인의 임무 종료로 인한 변경등기</u>, 수탁자인 등기명의인의 <u>성명 및 주소</u>(법인인 경우에는 그 명칭 및 사무소 소재지를 말한다)에 관한 <u>변경등기 또는 경정등기</u>를 한 경우: 직권변경등기

확인문제 •

1. 부동산등기법상 신탁등기에 관한 설명으로 틀린 것은? 제33회

① 수익자는 수탁자를 대위하여 신탁등기를 신청할 수 있다.

② 신탁등기의 말소등기는 수탁자가 단독으로 신청할 수 있다.

③ 신탁가등기는 소유권이전청구권보전을 위한 가등기와 동일한 방식으로 신청하되, 신탁원부 작성을 위한 정보를 첨부정보로서 제공해야 한다.

④ 여러 명의 수탁자 중 1인의 임무종료로 인한 합유명의인 변경등기를 한 경우에는 등기관은 직권으로 신탁원부 기록을 변경해야 한다.

⑤ 법원이 신탁관리인 선임의 재판을 한 경우, 그 신탁관리인은 지체 없이 신탁원부 기록의 변경등기를 신청해야 한다.

해설 ⑤ 법원이 '재판'을 한 경우 신탁원부 기록의 변경등기는 법원의 '촉탁'으로 이루어진다. ▶**정답** ⑤

2. 부동산등기법상 신탁등기에 관한 설명으로 틀린 것은? 제36회

① 수탁자가 여러 명인 경우, 등기관은 신탁재산이 공유인 뜻을 기록하여야 한다.

② 신탁원부에 신탁관리인의 성명 및 주소를 기록하는 경우, 수익자의 성명 및 주소를 기재하지 않을 수 있다.

③ 수탁자가 동일한 여러 개의 신탁을 합병하는 경우, 수탁자는 단독으로 신탁부동산에 관한 권리변경등기를 신청할 수 있다.

④ 위탁자와 수익자의 합의로 수탁자를 해임한 경우, 신수탁자는 단독으로 신탁부동산에 관한 권리이전등기를 신청할 수 있다.

⑤ 등기관이 수탁자의 변경으로 인한 신탁부동산의 이전등기를 하는 경우, 직권으로 그 부동산에 관한 신탁원부 기록의 변경등기를 하여야 한다.

해설 ① 수탁자가 여러 명인 경우, 등기관은 신탁재산이 합유인 뜻을 기록하여야 한다. ▶**정답** ①

③ 소유권 이외의 권리

구 분	필요적 기재사항	임의적 기재사항
지상권	범위, 목적	존속기간, 지료와 지급시기, 구분지상권의 행사를 위한 토지사용제한 약정
지역권	범위, 목적, 요역지의 표시	특약사항 등 (존속기간과 지료는 기재사항 ×)
전세권	범위, 전세금	존속기간, 위약금 또는 배상금, 전세권의 양도/담보제공/전전세/임대의 금지약정
임차권	범위, 차임	존속기간, 차임지급시기, 임차보증금, 임차권의 양도/임차물 전대에 대한 임대인 동의
저당권	채권액, 채무자	변제기, 이자 및 그 발생기·지급시기, 원본 또는 이자의 지급장소, 지연이자, 채권의 조건
근/저	채권최고액, 채무자, '근'저당인 뜻	결산기(존속기간) ↪ 이자, 지연이자, 변제기는 기재사항 ×

⇨ 지/(승)지/전/임차권이 <u>부동산의 일부</u>에 대한 것이면 그 부분을 표시한 '도면' 첨부

확인문제

다음 중 등기원인에 약정이 있더라도 등기기록에 기록할 수 없는 사항은?　　　　제35회

① 지상권의 존속기간
② 지역권의 지료
③ 전세권의 위약금
④ 임차권의 차임지급시기
⑤ 저당권부 채권의 이자지급장소

해설 ② 지역권의 지료는 등기할 수 있다는 법률규정이 없어 등기할 수 없다.　　　▶정답 ②

1. 지상권등기

🔥 지상권설정등기와 구분지상권설정등기

[을구]				(소유권 이외의 권리에 관한 사항)
순위번호	등기목적	접수	등기원인	권리자 및 기타사항
1	지상권설정	2015년3월5일 제2850호	2015년3월4일 설정계약	목적 철근콘크리트 건물 소유 범위 동남쪽 330m² 존속기간 30년 지료 월 금300,000원 지급시기 매월 말일 지상권자 김 양 950121-******* 경기도 연천군 군남면 1250

[을구]				(소유권 이외의 권리에 관한 사항)
순위번호	등기목적	접수	등기원인	권리자 및 기타사항
1	구분지상권설정	2015년3월5일 제2850호	2015년3월4일 설정계약	목적 지하도로 소유 범위 토지 북쪽 끝지점 포함한 수평면 기준 지하 15m로부터 40m 사이 존속기간 50년 지상권자 서울특별시 411

(1) **존속기간** : 영구무한이나 불확정기간도 가능

(2) **구분지상권** : 범위가 다른 여러 개의 구분지상권도 가능

↪ 계층적 구분건물의 특정계층 소유목적의 구분지상권은 불가능

2. 지역권등기

[지역권설정등기 − 승역지등기기록과 요역지등기기록]

🔥 **승역지 통행지역권 설정등기**

[을구]			(소유권 이외의 권리에 관한 사항)	
순위번호	등기목적	접수	등기원인	권리자 및 기타사항
1	지역권설정	2015년3월5일 제2850호	2015년3월4일 설정계약	목적 통행 범위 동측 50m² 요역지 서울특별시 동작구 사당동 2560 도면 제2015-203호

🔥 **요역지 지역권 설정등기**

[을구]			(소유권 이외의 권리에 관한 사항)	
순위번호	등기목적	접수	등기원인	권리자 및 기타사항
1	요역지지역권			승역지 서울특별시 동작구 사당동 2561 목적 통행 범위 동측 50m² 2015년3월5일 등기

(1) **관할 등기소** : 승역지 관할 등기소에 지역권등기를 신청

(2) 승역지 등기기록에는 요역지의 표시를 하고, 요역지 등기기록에는 승역지의 표시를 한다.

(3) **승역지의 등기**기록에는 신청에 의해 지역권등기를 하고, **요역지의 등기**기록에는 직권으로 지역권 등기를 한다.

　등기관이 승역지에 지역권설정의 등기나 지역권변경 또는 말소의 등기를 하였을 때에는 직권으로 요역지의 등기기록에 변경 또는 말소의 등기를 하여야 한다.

확인문제

등기관이 승역지의 등기기록에 지역권설정의 등기를 할 때 기록하여야 할 사항이 아닌 것은?　제36회

① 범위　　　　　　　　　　　② 요역지

③ 지역권자　　　　　　　　　④ 지역권설정의 목적

⑤ 등기원인 및 그 연월일

해설 ③ 지역권은 요역지의 소유권에 부종하므로 지역권자를 기록하지 아니한다.　　　▶정답 ③

3. 전세권등기

[전세권설정등기와 전세권의 일부이전등기]

[을구]	(소유권 이외의 권리에 관한 사항)			
순위번호	등기목적	접수	등기원인	권리자 및 기타사항
1	전세권설정	2015년3월5일 제2850호	2015년3월4일 설정계약	전세금 금200,000,000원 범위 건물 전부 존속기간 2015년3월5일부터 　　　　　2017년3월4일까지 전세권자 김 양 　　　　950121-******* 　　　　경기도 연천군 군남면 1250
1-1	1번전세권일 부이전	2017년4월5일 제5567호	2017년4월3일 전세금반환채권 일부양도	양도액 금 100,000,000원 전세권자 양 군 　　　　700419-******* 　　　　서울특별시 동작구 사당로 　　　　2556길 419(사당동)

(1) 전세권이 부동산의 일부에 대한 것이면 도면을 첨부하여야 하나 '건물의 특정 층의 전부'일 때에는 도면을 첨부할 필요없다.

(2) **"전세금반환채권의 일부양도에 따른 전세권 일부이전등기"**

① 전세권 소멸 후 가능(전세권의 존속기간이 만료되었을 때 또는 존속기간 만료 전이라도 해당 전세권이 소멸하였음을 증명하였을 때 가능)

② 양도액을 기록하여야 한다.

③ 부기등기로 한다.

확인문제

1. 전세권 등기에 관한 설명으로 틀린 것은? (다툼이 있으면 판례에 따름)   제33회

① 전세권 설정등기를 하는 경우, 등기관은 전세금을 기록해야 한다.

② 전세권의 사용·수익 권능을 배제하고 채권담보만을 위해 전세권을 설정한 경우, 그 전세권설정등기는 무효이다.

③ 집합건물에 있어서 특정 전유부분의 대지권에 대하여는 전세권설정등기를 할 수가 없다.

④ 전세권의 목적인 범위가 건물의 일부로서 특정 층 전부인 경우에는 전세권설정등기 신청서에 그 층의 도면을 첨부해야 한다.

⑤ 乙 명의의 전세권등기와 그 전세권에 대한 丙 명의의 가압류가 순차로 마쳐진 甲 소유 부동산에 대하여 乙 명의의 전세권등기를 말소하라는 판결을 받았다고 하더라도 그 판결에 의하여 전세권말소등기를 신청할 때에는 丙의 승낙서 또는 丙에게 대항할 수 있는 재판의 등본을 첨부해야 한다.

해설 ④ 전세권의 목적인 범위가 건물의 일부이더라도 특정 층의 전부일 때에는 도면을 첨부할 필요 없다. ▶정답 ④

2. 등기관이 용익권의 등기를 하는 경우에 관한 설명으로 옳은 것은?   제34회

① 1필 토지 전부에 지상권설정등기를 하는 경우, 지상권설정의 범위를 기록하지 않는다.

② 지역권의 경우, 승역지의 등기기록에 설정의 목적, 범위 등을 기록할 뿐, 요역지의 등기기록에는 지역권에 관한 등기사항을 기록하지 않는다.

③ 전세권의 존속기간이 만료된 경우, 그 전세권설정등기를 말소하지 않고 동일한 범위를 대상으로 하는 다른 전세권설정등기를 할 수 있다.

④ 2개의 목적물에 하나의 전세권설정계약으로 전세권설정등기를 하는 경우, 공동전세목록을 작성하지 않는다.

⑤ 차임이 없이 보증금의 지급만을 내용으로 하는 채권적 전세의 경우, 임차권설정등기기록에 차임 및 임차보증금을 기록하지 않는다.

해설 ④ 전세권설정등기의 목적부동산이 5개 이상이면 공동전세목록을 작성한다.

① 지상권설정의 범위와 목적은 필요적 기록사항이므로 '전부'라고 적어야 한다.

② 지역권의 경우, 승역지 뿐만 아니라 요역지의 등기기록에도 지역권에 관한 등기사항을 기록한다.

③ 그 전세권설정등기가 있는 한 동일한 범위를 대상으로 하는 다른 전세권설정등기를 할 수 없다.

⑤ 임차보증금은 임의적 기록사항이므로 임차보증금을 지급을 내용으로 하는 채권적 전세라면 임차보증금을 기록하여야 한다.
                                                                    ▶정답 ④

4. 담보물권의 등기

(1) 저당권등기

📍 저당권설정등기

[을구]	(소유권 이외의 권리에 관한 사항)			
순위번호	등기목적	접수	등기원인	권리자 및 기타사항
1	저당권설정	2015년3월5일 제2850호	2015년3월4일 설정계약	채권액 금200,000,000원 채무자 양 군 서울특별시 동작구 사당로 2556길 419(사당동) 저당권자 김 양 950121-******* 경기도 연천군 군남면 1250

신청정보	필요적	채권액: 금전채권이 아닌 경우에는 '평가액'을 기록 채무자(성명 + 주소)
	임의적	변제기, 이자와 그 지급시기, 채무불이행에 기한 손해배상액의 약정 등
등기실행		소유권 목적의 저당권: 주등기 지상권이나 전세권 목적의 저당권: 부기등기
저당권이전		부기등기 신청서에는 저당권이 채권과 같이 이전한다는 뜻을 기재하여야 함
저당권말소		소유자가 바뀐 후 저당권말소등기를 하는 경우 등기권리자: 저당권설정자(= 저당권 설정 당시의 소유자) 　　　　　 또는 제3취득자(= 현재의 소유자) 모두 가능 등기의무자: 저당권자

확인문제

등기관이 근저당권등기를 하는 경우에 관한 설명으로 틀린 것은?　　　　제34회

① 채무자의 성명, 주소 및 주민등록번호를 등기기록에 기록하여야 한다.
② 채무자가 수인인 경우라도 채무자별로 채권최고액을 구분하여 기록할 수 없다.
③ 신청정보의 채권최고액이 외국통화로 표시된 경우, 외화표시금액을 채권최고액으로 기록한다.
④ 선순위근저당권의 채권최고액을 감액하는 변경등기는 그 저당목적물에 관한 후순위권리자의 승낙서가 첨부되지 않더라도 할 수 있다.
⑤ 수용으로 인한 소유권이전등기를 하는 경우, 특별한 사정이 없는 한 그 부동산의 등기기록 중 근저당권등기는 직권으로 말소하여야 한다.

해설 ① 채무자의 성명 또는 명칭과 주소 또는 사무소 소재지를 등기기록에 기록하여야 한다. 채무자의 주민등록번호는 기록할 사항이 아니다.
▶ 정답 ①

(2) 공동저당

[공동담보등기]

🏠 **사당동 2560 건물등기부에 기록하는 공동담보등기**

[을구]				(소유권 이외의 권리에 관한 사항)
순위번호	등기목적	접수	등기원인	권리자 및 기타사항
1	근저당권 설정	2015년3월5일 제2850호	2015년3월4일 설정계약	채권최고액 금500,000,000원 채무자 양 군 　　서울특별시 동작구 사당로 2556 　　길 419(사당동) 근저당권자 김 양 　　950121-******* 　　경기도 연천군 군남면 1250 공동담보 토지 서울특별시 동작구 사당동 2560

공동저당	① 신청정보에 '각 부동산에 관한 권리'를 표시하여야 한다. ② 부동산이 5개 이상이면 등기관이 공동담보목록을 작성
공동저당 대위등기	① 필요적 기재사항: 매각 부동산, 매각 대금, 선순위 저당권자가 변제받은 금액, 후(차)순위 저당권자의 피담보채권에 관한 사항 ② 첨부정보: 배당표 정보 ③ 공동신청: 선순위 저당권자가 등기의무자, 대위자(차순위 저당권자)가 등기권리자 ④ 부기등기

[확인문제]

1. 저당권등기에 관한 설명으로 옳은 것은?　　　　　　제30회

① 변제기는 저당권설정등기의 필요적 기록사항이다.

② 동일한 채권에 관해 2개 부동산에 저당권설정등기를 할 때는 공동담보목록을 작성하여야 한다.

③ 채권의 일부에 대하여 양도로 인한 저당권 일부이전등기를 할 때 양도액을 기록해야 한다.

④ 일정한 금액을 목적으로 하지 않는 채권을 담보하는 저당권설정의 등기는 채권평가액을 기록할 필요가 없다.

⑤ 공동저당 부동산 중 일부의 매각대금을 먼저 배당하여 경매부동산의 후순위 저당권자가 대위등기를 할 때, 매각대금을 기록하는 것이 아니라 선순위 저당권자가 변제받은 금액을 기록해야 한다.

[해설] ① 변제기는 임의적 기록사항이다.

② 공동담보목록은 부동산이 5개 이상일 때 등기관이 작성한다.

④ 금전채권이 아닐 때에는 채권의 평가액을 기록하여야 한다.

⑤ 공동저당의 대위등기를 할 때에는 매각대금과 선순위 저당권자가 변제받은 금액을 모두 기록해야 한다. ▶정답 ③

2. 부동산 공동저당의 등기에 관한 설명으로 옳은 것을 모두 고른 것은?

> ㉠ 공동저당의 설정등기를 신청하는 경우, 각 부동산에 관한 권리의 표시를 신청정보의 내용으로 등기소에 제공해야 한다.
> ㉡ 등기관이 공동저당의 설정등기를 하는 경우, 각 부동산의 등기기록 중 해당 등기의 끝부분에 공동담보라는 뜻의 기록을 해야 한다.
> ㉢ 등기관이 공동저당의 설정등기를 하는 경우, 공동저당의 목적이 된 부동산이 3개일 때에는 등기관은 공동담보목록을 전자적으로 작성해야 한다.

① ㉠   ② ㉢   ③ ㉠, ㉡
④ ㉡, ㉢   ⑤ ㉠, ㉡, ㉢

해설 ㉢ 공동담보목록은 담보부동산의 개수가 5개 이상일 때 작성한다.　　　▶정답 ③

(3) 근저당권등기

📍 사당동 2560번지 토지와 건물에 근저당권등기가 되어있는 상황에서 토지 2561번지가 추가되는 상황에서 토지 2561번지 등기기록의 근저당권설정등기

[을구]			(소유권 이외의 권리에 관한 사항)	
순위번호	등기목적	접수	등기원인	권리자 및 기타사항
1	근저당권설정	2015년3월5일 제2850호	2015년3월4일 설정계약	채권최고액 금500,000,000원 채무자 양 군 　　　서울특별시 동작구 사당로 2556길 419(사당동) 근저당권자 김 양 　　　950121-******* 　　　경기도 연천군 군남면 1250 공동담보 건물 서울특별시 동작구 사당동 2560의 담보물에 추가 토지 서울특별시 동작구 사당동 2560의 담보물에 추가

🏠 사당동 2560 건물등기부에 기록하는 추가 공동담보등기

[을구]	(소유권 이외의 권리에 관한 사항)			
순위번호	등기목적	접수	등기원인	권리자 및 기타사항
1	근저당권 설정	2016년3월5일 제3875호	2016년3월4일 설정계약	채권최고액 금500,000,000원 채무자 양 군 　　　서울특별시 동작구 사당로 2556 　　　길 419(사당동) 근저당권자 김 양 　　　950121-******* 　　　경기도 연천군 군남면 1250 공동담보 토지 서울특별시 동작구 사당 동 2560의 담보물에 추가
1-1	1번 근저당권 담보추가			공동담보 토지 서울특별시 동작구 사당 동 2561

신청정보	필요적	채권최고액 : 채권자 또는 채무자가 여러 명이더라도 반드시 단일하게 기재. 채무자(성명과 주소)
	임의적	결산기(존속기간) ↘ 이자, 지연이자, 변제기는 기재사항×
근/저 이전		피담보채권 확정 前 : 계약양도를 등기원인 　　　　　　확정 後 : (확정)채권양도 또는 확정채권대위변제를 등기원인
채무자변경 : 근/저 변경		피담보채권 확정 前 : 계약인수를 등기원인 　　　　　　확정 後 : 채무인수를 등기원인

확인문제 •

근저당권등기에 관한 설명으로 옳은 것은? 제31회

① 근저당권의 약정된 존속기간은 등기사항이 아니다.

② 피담보채권의 변제기는 등기사항이 아니다.

③ 지연배상액은 등기하였을 경우에 한하여 근저당권에 의해 담보된다.

④ 1번 근저당권의 채권자가 여러 명인 경우, 그 근저당권설정등기의 채권최고액은 각 채권자별로 구분하여 기재한다.

⑤ 채권자가 등기절차에 협력하지 아니한 채무자를 피고로 하여 등기절차의 이행을 명하는 확정판결을 받은 경우, 채권자는 채무자와 공동으로 근저당권설정등기를 신청하여야 한다.

해설 ①② 근저당권은 장래의 증감변동하는 불확정채권을 담보한다. 확정된 채권이 없으므로(채권이 없을 수도 있으므로) 변제기는 있을 수 없고 등기사항이 아니나, 결산기(존속기간)는 정할 수 있고, 정했다면 기록하여야 하는 임의적 기재사항이다.

③ 지연배상액은 채권최고액에 포함되어 있으므로 별도의 등기가 없어도 당연히 담보된다.

④ 채권최고액은 반드시 단일하게 기재하므로 채권자별로 구분하여 기재할 수 없다.

⑤ 이행판결이 있으면 승소한 등기권리자 또는 등기의무자가 단독신청할 수 있다. ▶정답 ②

⑷ **권리질권의 등기**: 저당권으로 담보된 채권을 목적으로 하여 저당권등기에 부기등기로 하는 등기이다.

5. 임차권등기

신청정보	필요조	(부동산의) 범위 차임
	임의조	임차보증금, 존속기간, 차임지급시기 등
임차권 등기명령		임대차 종료 후 보증금 반환받지 못한 임차인 ↓ 신청 임차주택이나 상가건물의 소재지 법원 ↓ 촉탁 관할 등기소 ※ 임차권등기명령에 의한 등기는 이전등기와 전대차 등기 ×

임차권등기명령에 의한 등기

[을구]	(소유권 이외의 권리에 관한 사항)			
순위번호	등기목적	접수	등기원인	권리자 및 기타사항
1	주택(상가건물) 임차권	2023년3월5일 제2850호	2023년3월2일 서울중앙지방법원의 임차권등기명령 (2023카기256)	임차보증금 금50,000,000원 차임 월 금800,000원 범위 주택(강가건물) 전부 임대차계약일자 2020년2월23일 주민등록일자(사업자등록신청일자) 2020년2월26일 점유개시일자 2020년2월26일 확정일자 2022년2월26일 임차권자 홍길동 950121-******* 서울특별시 서초구 서초동419

확인문제

1. 용익권의 등기에 관한 설명으로 틀린 것은?　　　제28회

① 지상권설정등기를 할 때에는 지상권설정의 목적을 기록하여야 한다.
② 지역권설정등기를 할 때에는 지역권설정의 목적을 기록하여야 한다.
③ 임차권설정등기를 할 때에 등기원인에 임차보증금이 있는 경우, 그 임차보증금은 등기사항이다.
④ 지상권설정등기를 신청할 때에 그 범위가 토지의 일부인 경우, 그 부분을 표시한 토지대장을 첨부정보로서 등기소에 제공하여야 한다.
⑤ 임차권설정등기를 신청할 때에는 차임을 신청정보의 내용으로 제공하여야 한다.

해설 ④ 지/지/전/임 등기를 신청할 때 부동산의 일부가 목적일 때에는 그 부분을 표시한 '도면'을 첨부하여야 한다. '대장'을 첨부하는 것이 아니다.　　　▶정답 ④

2. 임차권등기에 관한 설명으로 옳은 것을 모두 고른 것은?　　　제35회

> ⊙ 임차권설정등기가 마쳐진 후 임대차 기간 중 임대인의 동의를 얻어 임차물을 전대하는 경우, 그 전대등기는 부기등기의 방법으로 한다.
> ⓒ 임차권등기명령에 의한 주택임차권등기가 마쳐진 경우, 그 등기에 기초한 임차권이전등기를 할 수 있다.
> ⓒ 미등기 주택에 대하여 임차권등기명령에 의한 등기촉탁이 있는 경우, 등기관은 직권으로 소유권보존등기를 한 후 주택임차권등기를 해야 한다.

① ⊙　　　② ⓒ　　　③ ⊙, ⓒ
④ ⓒ, ⓒ　　　⑤ ⊙, ⓒ, ⓒ

해설 ⓒ 임차권등기명령에 의한 주택임차권등기는 사용 수익을 위한 임차권이 아니라, 임차보증금의 반환순위를 유지하기 위한 것에 불과하므로 그 임차권의 이전등기나 그에 기초한 전대차등기를 할 수 없다.　　　▶정답 ③

④ 구분건물 등기

🔥 집합(구분)건물의 등기

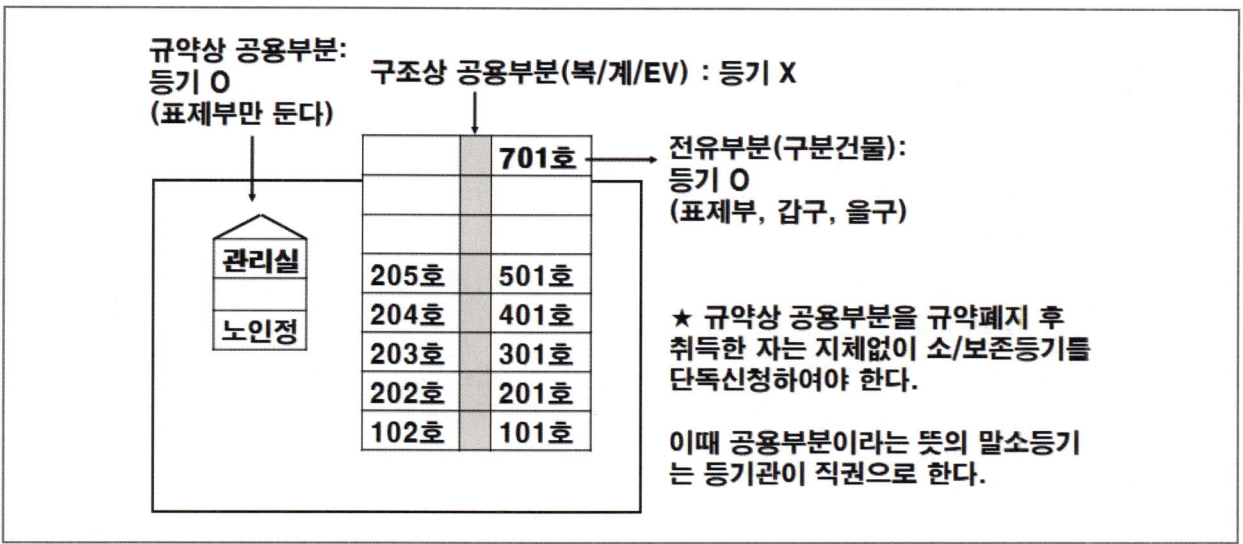

1. 구분건물 등기의 특징

(1) 구분건물로 등기하기 위해서는 구조상 독립성과 이용상 독립성이 있어야 한다.

　↪ 구조상 독립성과 이용상 독립성이 있어야 구분건물로 등기할 수 있으나, 소유자의 선택에 따라 일반건물로 등기할 수도 있다.

(2) 공용부분은 전유부분과 분리하여 처분할 수 없다. 전유부분을 처분하면 공용부분도 당연히 같이 처분된다.

　① **구조상 공용부분**: 등기능력이 없다.

　② **규약상 공용부분**: 등기능력을 인정하되, 표제부만 둔다.

(3) **규약상 공용부분에 관한 등기**

　① 규약상 공용부분이라는 듯의 등기는 소유권의 등기명의인이 **단독신청**한다.

　② 등기기록은 **표제부만** 두고, 표제부에 공용부분이라는 뜻을 기재하여야 한다.

　③ 공용부분이라는 뜻을 정한 규약을 폐지한 경우에는 공용부분의 취득자는 지체 없이 소유권보존등기를 단독으로 신청하여야 한다.

　④ 이때, 공용부분이라는 뜻의 등기는 등기관이 직권말소한다.

확인문제 •

부동산등기에 관한 설명으로 틀린 것은? 제31회

① 규약에 따라 공용부분으로 등기된 후 그 규약이 폐지된 경우, 그 공용부분 취득자는 소유권이전등기를 신청하여야 한다.

② 등기할 건물이 구분건물인 경우에 등기관은 1동 건물의 등기기록의 표제부에는 소재와 지번, 건물명칭 및 번호를 기록하고, 전유부분의 등기기록의 표제부에는 건물번호를 기록하여야 한다.

③ 존재하지 아니하는 건물에 대한 등기가 있을 때 그 소유권의 등기명의인은 지체 없이 그 건물의 멸실등기를 신청하여야 한다.

④ 같은 지번 위에 1개의 건물만 있는 경우에는 건물의 등기기록의 표제부에 건물번호를 기록하지 않는다.

⑤ 부동산환매특약은 등기능력이 인정된다.

해설 ① 규약상 공용부분으로 등기된 후 규약이 폐지되면 그 취득자는 지체 없이 소유권보존등기를 신청하여야 한다. 새로운 취득자는 소유권이전을 받았지만 규약상 공용부분은 표제부만 있으므로 갑구를 개설하는 등기로서 소유권보존등기를 신청하도록 되어 있다. ▶정답 ①

(4) 특 징

특 징	1동 건물에 속하는 전부에 대하여 1등기기록을 사용한다. = 1동 건물의 표제부와 각 전유부분의 표제부, 갑구, 을구를 합하여 1등기기록으로 한다.
보존등기신청	구분건물 중 일부만의 보존등기를 신청하는 소유자는 나머지 구분건물의 소유자를 대위하여 나머지 구분건물의 표시에 관한 등기를 일괄하여 동시에 신청하여야 한다.

집합건물의 등기기록

[1동건물의 표제부]　　　　　　　고유번호 1302-1908-635789

[표제부]	(1동의 건물의 표시)			
표시번호	접 수	소재지번, 건물명칭 및 번호	건물내역	등기원인 및 기타사항
1	2015년 3월 15일	서울특별시 강남구 서초동 33 강남아파트 101동	25층 아파트 철근콘크리트조 슬라브지붕 1층 650m² 2층 650m² ~25층 650m²	도면번호 제33호

	(대지권의 목적인 토지의 표시)			
표시번호	소재지번	지목	면적	등기원인 및 기타사항
1	서울특별시 강남구 서초동 33	대	33057m²	2015년 3월 15일

[전유부분의 표제부]

[표제부]	(전유부분의 건물의 표시)			
표시번호	접 수	건물번호	건물내역	등기원인 및 기타사항
1	2015년 3월 15일	제23층 2301호	철근콘크리트조 86m²	도면번호 제33호

	(대지권의 표시)		
표시번호	대지권종류	대지권비율	등기원인 및 기타사항
1	소유권대지권	33057분의 35	2015년 3월 15일 대지권
2			별도등기 있음 1토지(을구 근저당권설정등기)

[갑구]	(소유권에 관한 사항)			
순위 번호	등기목적	접 수	등기원인	권리자 및 기타사항

[을구]	(소유권 외의 권리에 관한 사항)			
순위 번호	등기목적	접 수	등기원인	권리자 및 기타사항

확인문제

구분건물의 등기에 관한 설명으로 틀린 것은?   제34회

① 대지권의 표시에 관한 사항은 전유부분의 등기기록 표제부에 기록하여야 한다.

② 토지전세권이 대지권인 경우에 대지권이라는 뜻의 등기가 되어 있는 토지의 등기기록에는 특별한 사정이 없는 한 저당권설정등기를 할 수 없다.

③ 대지권의 변경이 있는 경우, 구분건물의 소유권의 등기명의인은 1동의 건물에 속하는 다른 구분건물의 소유권의 등기명의인을 대위하여 대지권변경등기를 신청할 수 있다.

④ 1동의 건물에 속하는 구분건물 중 일부만에 관하여 소유권보존등기를 신청하는 경우에는 나머지 구분건물의 표시에 관한 등기를 동시에 신청하여야 한다.

⑤ 집합건물의 규약상 공용부분이라는 뜻을 정한 규약을 폐지한 경우, 그 공용부분의 취득자는 소유권이전등기를 신청하여야 한다.

해설 ⑤ 규약상 공용부분으로 등기된 후 규약이 폐지되면 그 취득자는 지체 없이 소유권보존등기를 신청하여야 한다. ② 토지전세권이 대지권인 경우 처분의 일체성에 따라 대지권인 토지전세권에 저당권설정등기를 할 수는 없다. 그러나 대지권은 토지전세권이지 토지의 소유권은 대지권이 아니어서 토지소유권에 대한 저당권설정등기는 가능하다. 지문은 저당권이 대지권인 토지전세권을 대상으로 하는지, 대지권이 아닌 토지소유권을 대상으로 하는지의 구별이 없으므로 틀린 지문이 되어 복수정답이 된다.   ▶정답 ②, ⑤

2. 대지사용권과 대지권

(1) 대지사용권

① 건물의 구분소유자가 건믈의 대지에 대하여 갖는 권리

② 소유권, 지상권, 전세권, 임차권 등 (지역권은 ×)

(2) **대지권** : 구분소유자가 갖는 대지사용권으로서 구분건물(전유부분)과 분리처분할 수 없다. 대지권 등기와 대지권의 변경등기 등은 일부 구분소유자가 다른 구분소유자를 대위하여 신청할 수 있다.

구 분		금 지	허 용
건물등기부 (대지권 불문)		건물만 소유권이전·이전가등기·가압류·압류·저당권등기	건물만 전세권·임차권등기
토지 등기부	소유권이 대지권	토지만 소유권이전·이전가등기·가압류·압류·저당권등기	토지만 지상권·지역권·전세권·임차권등기
	지상권·전세권·임차권이 대지권	그 지상권·전세권·임차권의 이전등기, 그 지상권·전세권을 목적으로 하는 저당권	토지의 소유권이전·저당권설정

대지권등기	신청	건물등기부 표제부	주등기
대지권인 뜻의 등기	직권	토지등기부 해당 구	주등기
건물만에 관한 뜻의 등기	직권	건물등기부 해당 구	부기등기
토지에 별도 등기가 있다는 뜻의 등기	직권	전유부분 표제부	주등기

확인문제 •

집합건물의 등기에 관한 설명으로 옳은 것은?   제29회

① 등기관이 구분건물의 대지권등기를 하는 경우에는 건축물대장 소관청의 촉탁으로 대지권의 목적인 토지의 등기기록에 소유권, 지역권, 전세권 또는 임차권이 대지권이라는 뜻을 기록하여야 한다.

② 구분건물로서 그 대지권의 변경이 있는 경우에는 구분건물의 소유권의 등기명의인은 1동의 건물에 속하는 다른 구분건물의 소유권의 등기명의인을 대위하여 대지권의 변경등기를 신청할 수 있다.

③ '대지권에 대한 등기로서 효력이 있는 등기'와 '대지권의 목적인 토지의 등기기록 중 해당 구에 한 등기'의 순서는 순위번호에 따른다.

④ 구분건물의 등기기록에 대지권이 등기된 후 건물만에 관해 저당권설정계약을 체결한 경우, 그 설정계약을 원인으로 구분건물만에 관한 저당권설정등기를 할 수 있다.

⑤ 토지의 소유권이 대지권인 경우 토지의 등기기록에 대지권이라는 뜻의 등기가 되어 있더라도, 그 토지에 대한 새로운 저당권설정계약을 원인으로 하여, 그 토지의 등기기록에 저당권설정등기를 할 수 있다.

해설 ① 대지권등기를 하였을 때에는 직권으로 대지권의 목적인 토지의 등기기록에 소유권, 지상권, 전세권 또는 임차권이 대지권이라는 뜻을 기록하여야 한다.
③ '대지권에 대한 등기로서 효력이 있는 등기'(= 구분건물의 등기기록에 된 등기)와 '대지권의 목적인 토지의 등기기록 중 해당 구에 한 등기'의 순서는 '접수번호'에 따른다.
④⑤ 구분건물과 대지권은 분리처분할 수 없으므로 구분건물만에 관하여 또는 토지에 대하여 저당권설정등기를 할 수 '없다'.   ▶ 정답 ②

5 각종 등기의 절차

1. 변경등기: 등기와 실체관계가 후발적으로 일부 불일치하는 경우 시정하는 등기

표제부의 변경등기 (부동산의 표시변경)			① 단독신청이 원칙 ② 주등기로 한다. ③ 대장을 첨부하여 신청하는 것이 원칙(선등록 후등기원칙) ④ 신청의무 : 1월 이내. 위반해도 벌칙은 없음
권리의 변경등기	의의		등기된 권리의 내용에 변경이 생긴 경우에 하는 등기 ➥ 권리주체 변경 = 이전등기 또는 등기명의인표시 변경등기 권리객체 변경 = 부동산(표시)변경
	신청		공동신청이 원칙
	등기실행	부기 등기	① 등기상 이해관계인 없을 때 ② 등기상 이해관계인 있으나 그의 승낙서나 재판등본 첨부 ○
		주등기	등기상 이해관계인 있으나 그의 승낙서나 재판등본 첨부 ×

등기명의인 표시변경	① 등기명의인의 성명, 주소, 주민등록번호 등이 변경되었을 때 ② **언제나 부기등기**로 하고, 변경 전의 사항은 말소 ③ 등기명의인이 **단독신청**함이 원칙 ④ 다만, 직권으로 하는 예외 있음 　㉠ 소유권이전등기 신청에 있어 등기의무자의 주소변경사실이 주소증명 서면에 의해 　　명백한 때 <u>등기의무자의 주소변경</u> 　㉡ <u>행정구역 또는 그 명칭의 변경</u>이 있는 경우

↪ **등기상 이해관계인**(= 등기상 이해관계있는 제3자) : 어떤 등기로 인해 등기기록상 손해볼 우려가 있는 제3자

확인문제

1. 등기상 이해관계 있는 제3자가 있는 경우에 그 제3자의 승낙이 없으면 부기등기로 할 수 없는 것은?
제29회

① 환매특약등기
② 지상권의 이전등기
③ 등기명의인표시의 변경등기
④ 지상권 위에 설정한 저당권의 이전등기
⑤ 근저당권에서 채권최고액 증액의 변경등기

해설 등기상 이해관계인의 승낙이 있으면 부기등기로, 승낙이 없으면 주등기로 하는 것은 권리의 변경등기와 권리의 경정등기이다. 지문에서 변경등기는 ③과 ⑤가 있는데, ③은 권리의 변경이 아니고, ⑤는 근저당권의 변경이므로 정답은 ⑤이다.
▶ **정답** ⑤

2. 부동산등기에 관한 설명으로 옳은 것은?
제35회

① 유증으로 인한 소유권이전등기는 상속등기를 거치지 않으면 유증자로부터 직접 수증자 명의로 신청할 수 없다.
② 유증으로 인한 소유권이전등기 신청이 상속인의 유류분을 침해하는 내용인 경우에는 등기관은 이를 수리할 수 없다.
③ 상속재산분할심판에 따른 상속인의 소유권이전등기는 법정상속분에 따른 상속등기를 거치지 않으면 할 수 없다.
④ 상속등기 경료 전의 상속재산분할협의에 따라 상속등기를 신청하는 경우, 등기원인일자는 '협의분할일'로 한다.
⑤ 권리의 변경등기는 그 등기로 등기상 이해관계 있는 제3자의 권리가 침해되는 경우, 그 제3자의 승낙 또는 이에 대항할 수 있는 재판이 있음을 증명하는 정보의 제공이 없으면 부기등기로 할 수 없다.

해설 ① 유증으로 인한 소유권이전등기는 상속등기를 거치지 않고 유증자로부터 직접 수증자 명의로 등기를 신청하여야 한다.
② 유류분을 침해하는 등기신청도 등기관의 심사권이 형식적이어서 각하할 수 없고 수리하여야 한다.
③ 상속재산분할의 효력은 피상속인의 사망시로 소급하므로 법정상속분에 따른 상속등기를 거치지 않고 직접 할 수 있다.
④ 피상속인의 사망일이지만, 굳이 알려고 할 필요 없다.
▶ **정답** ⑤

2. 경정등기 : 등기와 실체관계가 <u>원시적</u>으로 <u>일부 불일치</u>하는 경우 시정하는 등기

권리의 경정등기	① 등기의 착오 또는 빠진 부분을 <u>등기 완료 후</u>에 정정하려는 것일 것
	➥ 등기완료 전 발견하면 '자구정정'하면 됨
	② 경정 전·후 등기에는 동일성이 있을 것. 동일성이 없으면 말소하고 새로 등기해야 한다.
	➥ 동일성이 없어서 경정할 수 없는 예
	    ㉠ 권리 자체를 바꾸거나(전세권을 저당권으로),
	    ㉡ 권리자 모두를 바꾸는 것(권리자를 甲에서 乙로 ×, 甲과 乙의 공동소유를 丙과 丁의 공동소유로 ×)
	③ 통지 : 등기에 착오나 빠진 부분이 있음을 발견한 등기관은 지체없이 등기권리자와 등기의무자(등기권리자와 등기의무자가 없는 경우에는 등기명의인, 채권자대위권에 의하여 등기가 된 때에는 그 채권자)에게 알려야 한다.
	➥ 등기권리자, 등기의무자 또는 등기명의인이 각 2인 이상일 때에는 <u>그 중 1인</u>에게 통지
	④ 등기의 방식은 권리경정등기와 동일

직권경정등기	① 착오 또는 빠진 부분이 등기관의 잘못일 것 ② <u>등기상 이해관계인</u>이 있으면 그의 승낙을 받아야 가능 ③ 부기등기로 하는 것이 원칙 ④ 경정등기를 한 후 그 뜻을 지방법원장에게 보고하고, 등기권리자와 등기의무자(없는 경우에는 등기명의인, 채권자대위에 의한 등기인 경우에는 그 채권자에게도) 통지하되, 각 2인 이상인 경우에는 <u>그 중 1인</u>에게 통지하면 된다. ⑤ 신청에 의한 경정등기도 무방(신청경정한 때에는 지방법원장에게 보고 ×)

3. 말소등기

의 의	등기와 실체관계가 전부 불일치하는 경우에 그를 소멸시키는 등기
요 건	① 등기의 전부가 부적법하여야 한다. ② 부적법하게 된 원인은 불문한다(원시적·후발적·실체적·절차적 사유 불문). ③ 말소에 관하여 등기상 이해관계 있는 제3자가 있을 때 : <u>반드시 그의 승낙</u>서 또는 이에 대항할 수 있는 재판의 등본이 있어야 한다. ⇨ 승낙한 <u>제3자의 등기는 직권말소</u>된다.
등기상 이해관계인	1. 소유권<u>보존등기의 말소</u>를 할 때 <u>등기부상 존재하는 모든 권리자</u>는 등기상 이해관계인이다. **예** 전세권자, 저당권자, 가압류권자 등 2. 甲의 <u>소유권</u>이 말소될 때 甲의 <u>소유권에 터잡아 이루어진 권리</u>의 등기명의인(그 권리는 모두 말소되므로 모두가 등기상 이해관계인이다)

등기상 이해관계인	3. 지상권이나 전세권이 말소될 때 말소되는 지상권이나 전세권을 목적으로 하는 저당권의 등기명의인은 등기상 이해관계인이다. ➥ 선순위 소유권의 말소에 있어서 후순위 소유권자(= 현재의 소유자)는 등기상 이해관계인이 아니다. 먼저 말소되어야 할 대상에 불과하다. 甲 ⇨ 乙 ⇨ 丙 순으로 소유권이 이전된 경우에 乙의 소유권말소를 위하여 丙은 먼저 말소되어야 할 대상이지 등기상 이해관계인이 아니다.	
특 징	① 말소등기는 주등기(독립등기)로 하며, 말소한 등기는 말소하는 표시를 하여야 한다. ② 말소등기의 말소등기는 허용되지 않는다. ⇨ 말소회복등기를 하여야 한다.	
절 차	원칙	공동신청 ➥ 甲이 乙에게 저당권설정등기를 한 후 丙에게 소유권이전을 한 상태에서 피담보채권의 소멸로 인하여 乙의 저당권등기를 말소하는 때의 등기권리자는 甲(저당권설정 당시의 소유자/채권적청구권) 또는 丙(제3취득자/물권적청구권)이다.
	예외	단독신청 ① 등기한 권리가 어떤 자의 사망으로 소멸한 때 ② 등기의무자의 소재불명으로 말소등기를 공동신청할 수 없을 때 　⇨ 공시최고를 거쳐 제권판결을 받아 단독으로 말소신청 ③ 혼동에 의한 말소

확인문제

등기신청인에 관한 설명 중 옳은 것을 모두 고른 것은?　　　　　　　　　　　　제33회

> ㉠ 부동산표시의 변경이나 경정의 등기는 소유권의 등기명의인이 단독으로 신청한다.
> ㉡ 채권자가 채무자를 대위하여 등기신청을 하는 경우, 채무자가 등기신청인이 된다.
> ㉢ 대리인이 방문하여 등기신청을 대리하는 경우, 그 대리인은 행위능력자임을 요하지 않는다.
> ㉣ 부동산에 관한 근저당권설정등기의 말소등기를 함에 있어 근저당권 설정 후 소유권이 제3자에게 이전된 경우, 근저당권설정자 또는 제3취득자는 근저당권자와 공동으로 그 말소등기를 신청할 수 있다.

① ㉠, ㉢　　　　　　　　② ㉡, ㉣　　　　　　　　③ ㉠, ㉢, ㉣
④ ㉡, ㉢, ㉣　　　　　　⑤ ㉠, ㉡, ㉢, ㉣

해설 ㉡ 채권자가 채무자를 대위하여 등기신청을 한 경우 '등기신청인'은 '대위한 채권자'이고, 등기기록에서 권리를 취득하는 '채무자'가 '등기권리자'가 된다. 채권자가 대위해서 신청했으므로 채무자는 등기신청인이 아니다.

▶정답 ③

4. 말소회복등기

의 의	등기사항의 전부 또는 일부가 부적법하게 말소된 경우에 회복하는 등기
요 건	① 등기가 **부적법하게 말소**되었을 것 ⇨ 당사자의 **자발적 말소**인 경우에는 회복 불가능하다. ② 등기상 이해관계 있는 제3자가 있는 경우 ⇨ 반드시 그의 승낙서 또는 재판등본을 첨부하여야 하며, 이해관계 있는지의 판단은 '회복등기시'를 기준으로 판단한다.
등기상 이해관계인	1. 선순위 소유권의 회복등기에 있어서 현재의 소유자(= 후순위 소유자)는 등기상 이해관계인이 아니다. 먼저 말소되어야 할 대상이다. 2. 전세권의 불법말소 후 지상권이 설정된 경우 전세권의 말소회복등기에 있어서 지상권자는 등기상 이해관계인이 아니다. 먼저 말소되어야 할 대상이다(양립이 불가능하므로). **이해관계인 ○** ① 선순위 저당권등기의 회복시 후순위 저당권자 ② 선순위 지상권(전세권)등기의 회복시 후순위 저당권자 ③ 선순위 저당권등기의 회복시 후순위 지상권(전세권)자 **이해관계인 ×** ① 선순위 소유권등기의 회복시 후순위 소유권자(먼저 말소되어야 함) ② 선순위 지상권·전세권등기의 회복시 후순위 지상권·전세권자(먼저 말소되어야 함) ③ 후순위 지상권(전세권)등기의 회복시 선순위 저당권자
특 징	말소회복등기를 하면 종전 등기의 순위와 효력을 그대로 회복한다. ① 전부 말소회복등기: 주(독립)등기 ② 일부 말소회복등기: 부기등기
절 차	㉠ 원칙: 공동신청 ㉡ 소유권이전 후 말소회복등기의 상대방: 말소 당시의 소유자이다. 현재의 소유자 또는 제3취득자가 아니다(말소시킨 그넘이 회복해야지~). ㉢ 직권말소한 등기는 직권회복하고, 촉탁말소한 등기는 촉탁회복한다. ⇨ 직권말소한 등기나 촉탁말소한 등기를 당사자가 신청으로 회복할 수 없고, 소송제기도 허용되지 않는다.

구 분	등기상 이해관계인 부존재	등기상 이해관계인 존재
권리변경등기 권리경정등기	부기등기	• 승낙 有 : 부기등기 • 승낙 無 : 주등기
말소등기	주등기	등기상 이해관계인이 부존재하는 때와 등기실행방법은 동일하나 반드시 승낙있어야 말소 가능
말소회복등기	• 전부 말소회복 : 주등기 • 일부 말소회복 : 부기등기	등기상 이해관계인이 부존재하는 때와 등기실행방법은 동일하나 반드시 승낙있어야 회복 가능

➥ 등기상 이해관계인이 있을 때 반드시 그 승낙 있어야 가능한 등기 : 말소등기, 말소회복등기, 직권경정등기

5. 멸실등기 : 표제부에 멸실등기를 하고, 등기기록은 폐쇄한다.

의 의	부동산의 전부가 멸실한 경우에 하는 등기 + 등기기록 폐쇄 부동산의 일부가 멸실한 경우 : 변경등기
절 차	① 단독신청 ② 주등기로 한다. ③ 멸실된 정보를 담은 대장 첨부(선등록 후등기원칙) ④ 신청의무 : 1월 이내 존재하던 건물 멸실 : 1개월 이내에 신청의무 + 위반해도 과태료 없음 존재하지 않는 건물 : 지체 없이 멸실등기 신청의무 + 위반해도 과태료 없음
대위신청	건물이 멸실하거나 존재하지 아니하는 건물에 대한 등기가 있을 때 건물소유권의 등기명의인이 1개월 이내에 멸실등기를 신청하지 아니하면 그 건물대지의 소유자가 대위신청할 수 있다.

6. 부기등기: 이미 행해진 주등기나 부기등기의 순위번호에 <u>가지번호를 붙여서 하는 등기</u>

법률규정이 있어야 가능하며, 권리의 순위유지를 목적으로 하는 등기이므로 <u>표제부에서는 행해지지 않는다.</u>

※ **언제나 주등기로 하는 것**
① 소유권보존등기와 소유권이전등기 ② 말소등기 ③ 멸실등기
④ 표제부의 등기(= 부동산표시에 관한 등기)

주등기	소유권	이전등기
		이전청구권의 가등기
		을 목적으로 하는 권리의 등기(저당권, 용익물권 등)
		에 대한 처분제한의 등기(압류, 가압류, 가처분, 경매)
부기등기	소유권 이외의 권리	이전등기
		이전청구권의 가등기
		을 목적으로 하는 권리의 등기(저당권, 용익물권 등)
		에 대한 처분제한의 등기(압류, 가압류, 가처분, 경매)
기타 부기등기	① 등기명의인 표시변경(경정)등기 ② ~특약, ~약정의 등기 ③ 일부말소회복등기 ④ 등기상 이해관계인이 없거나 그의 승낙이 있는 권리의 변경·경정등기 ⑤ 가등기의 이전등기와 가등기의 (이전)가등기 ⑥ 본등기가 부기등기인 가등기 ⑦ 공동저당의 대위등기	
부기등기 말소	<u>주등기를 말소하면 부기등기는</u> 직권말소 ① 저당권이전등기 후 저당권의 말소등기: 주등기인 저당권설정등기의 말소등기를 신청하면 부기등기인 저당권이전등기는 직권말소된다. ② 지상권(전세권)을 목적으로 하는 저당권등기의 말소: 주등기인 지상권(전세권)말소등기 신청을 할 때 그를 목적으로 하는 저당권자(이해관계인)의 승낙서를 첨부하면 저당권등기는 직권말소된다.	
부기등기의 순위	부기등기의 순위는 <u>주등기의 순위</u>에 의하고, 같은 주등기에 관한 <u>부기등기 상호간</u>의 순위는 그 <u>등기순서</u>에 따른다.	

확인문제

1. 부기로 하는 등기로 옳은 것은?   제33회

① 부동산멸실등기   ② 공유물 분할금지의 약정등기
③ 소유권이전등기   ④ 토지분필등기
⑤ 부동산의 표시변경등기 등 표제부의 등기

해설 ① 주등기 ② '특약'이나 '약정'의 등기는 부기등기 ③ 주등기 ④ 분필이나 합필의 등기는 부동산표시변경등기이
므로 주등기 ⑤ 주등기   ▶정답 ②

2. 주등기의 방식으로 하는 등기는?   제36회

① 환매특약의 등기
② 지상권의 이전등기
③ 공유물 분할금지의 약정등기
④ 전세권을 목적으로 하는 저당권의 이전등기
⑤ 등기의 전부가 말소된 경우 그 전부에 대한 회복등기

해설 ⑤ 전부 말소회복등기는 주등기로, 일부 말소회복등기는 부기등기로 한다.   ▶정답 ⑤

---

7. 가등기: 부동산의 물권변등을 목적으로 하는 채권적 청구권을 보존하기 위해서 하는 등기

(1) 가등기의 대상(제88조)

① 소유권, 지상권, 지역권, 전세권, 저당권, 권리질권, 임차권, 채권담보권 등

② **청구권보전 목적**

  ㉠ 권리의 설정·이전·변경 또는 소멸의 청구권을 보전하려고 할 때
  ㉡ 시기부 또는 정지조건부 청구권을 보전하려고 할 때
  ㉢ 기타 장래에 있어서 확정할 청구권(매매예약, 대물변제의 예약)보전시

(2) 가등기 허용여부

가등기 불가능	가등기 가능
물권적 청구권보전을 위한 가등기 (말소등기청구권의 가등기, 진정명의회복을 원인으로 하는 소유권이전청구권의 가등기)	채권적 청구권보전을 위한 가등기
가등기에 기한 본등기금지 가처분등기	가등기상 권리의 이전금지가처분
종기부 또는 해제조건부 청구권보전 가등기	시기부 또는 정지조건부 청구권보전 가등기
합유지분이전청구권의 가등기	공유지분이전청구권의 가등기
유언자의 사망 전 유증가등기	
소유권보존등기의 가등기	가등기의 이전등기(부기등기)
처분제한(압류·가압류·가처분·경매신청 등)의 가등기	가등기의 가등기(부기등기)
권리의 등기가 아닌 경우(부동산표시변경의 가등기나 등기명의인표시변경의 가등기)	중복가등기(이중가등기)

(3) 가등기의 신청과 말소신청

가등기의 신청	원칙: 공/신	가등기권리자와 가등기의무자
	예외: 단/신	① 가등기의무자의 승낙서에 의한 가등기권리자의 단독신청 ② 가등기가처분명령정본에 의한 가등기권리자의 단독신청 　(부동산의 소재지를 관할하는 지방법원에 신청)
가등기의 말소신청	원칙: 공/신	등기의무자: 가등기명의인 등기권리자: 현재의 소유명의인
	예외: 단/신	① 가등기명의인: 소유권에 관한 가등기인 경우 인감증명 첨부 ② 가등기의무자(개) 또는 등기상 이해관계인(소): 가등기명의인의 승낙서 　(또는 재판등본)를 첨부하여 단독으로 말소신청할 수 있다.

(4) 가등기의 방식: 장래 행해질 본등기의 방식에 의한다.
① 본등기가 주등기에 의할 경우 ⇨ 가등기도 주등기
② 본등기가 부기등기에 의할 경우 ⇨ 가등기도 부기등기

순위 번호	
1	소유권보존 甲
2	소유권이전청구권가등기 乙
	소유권이전 乙

순위 번호	
1	전세권설정 丙
1-1	전세권이전청구권가등기 丁
	전세권이전 丁

⑸ 가등기에 의한 본등기의 절차

본등기의 신청당사자	① 등기권리자 : 현재의 가등기명의인 ② 등기의무자 : (소유권이전이 있더라도) 가등기 당시의 소유자 　　　　　　　　　(가등기한 그넘이 본등기 해야지~) ➥ 현재의 소유자(제3취득자)는 본등기의무자가 아니며, 이해관계인도 아니므로 그의 승 　낙서를 첨부할 필요도 없다.
가등기권리자 여러 명	① 가등기권리자가 여러 명인 경우 그 중 일부는 자기지분만의 본등기를 신청할 수 있다 　(일부가 전원명의의 본등기를 신청할 수 없다). ② 전원이 전원의 명의로 본등기 신청하는 것은 당연히 허용된다.

⑹ 본등기 후의 조치

① 소유권이전청구권의 가등기에 의한 소유권이전의 본등기를 한 때 : 다음을 제외하고 직권말소
　㉠ 당해 가등기상의 권리를 목적으로 하는 가압류나 가처분등기
　㉡ 가등기 전에 마쳐진 저당권·전세권·담보가등기에 의한 임의경매개시결정등기
　㉢ 가등기 전에 마쳐진 가압류에 의한 강제경매개시결정등기
　㉣ 가등기권자에게 대항할 수 있는 주택임차권등기, 주택임차권설정등기, 상가건물임차권등기,
　　상가건물임차권설정등기
② 지상권, 전세권, 임차권의 설정청구권 가등기에 의하여 지상권, 전세권 또는 임차권 설정의 본등기
　를 한 경우 다음의 등기는 직권말소
　㉠ 지상권설정등기　　　　　　　　　㉡ 지역권설정등기
　㉢ 전세권설정등기　　　　　　　　　㉣ 임차권설정등기
　㉤ 주택임차권등기 등. 다만, 가등기권자에게 대항할 수 있는 임차권등기는 직권말소 대상이 아니다.
③ 저당권설정등기청구권보전 가등기에 의하여 저당권설정의 본등기를 한 경우 ⇨ 직권말소의 대상
　이 없다.

⑺ 가등기의 효력

① 가등기는 그 자체로서는 아무런 효력이 없다.

　　가등기에 의한 본등기를 한 경우 본등기의 순위는 가등기의 순위로 소급된다(순위보전의 효력).

② 가등기에 의한 본등기를 하더라도 물권변동의 효력은 소급하지 않는다.

　　↳ 본등기를 하면 순위는 소급, 효력은 불소급(순위는 가등기시로 소급, 효력은 본등기한 때 발생)

③ 가등기는 예비등기이므로 권리변동적 효력, 대항적 효력, 추정적 효력, 처분금지의 효력 등은 없다.

④ 가등기는 권리에 관한 등기이므로 표제부에는 하지 않는다.

확인문제

1. 가등기에 관한 설명으로 틀린 것은?　　제31회

① 가등기권리자는 가등기의무자의 승낙이 있는 경우에 단독으로 가등기를 신청할 수 있다.

② 가등기명의인은 단독으로 가등기의 말소를 신청할 수 있다.

③ 가등기의무자는 가등기명의인의 승낙을 받아 단독으로 가등기의 말소를 신청할 수 있다.

④ 부동산소유권이전의 청구권이 정지조건부인 경우에 그 청구권을 보전하기 위해 가등기를 할 수 있다.

⑤ 가등기를 명하는 가처분명령은 가등기권리자의 주소지를 관할하는 지방법원이 할 수 있다.

해설 ⑤ 가등기를 명하는 가처분명령은 부동산의 소재지를 관할하는 지방법원이 할 수 있다. 주택이나 상가건물의 임차권등기명령은 임차건물의 소재지를 관할하는 지방법원 등에 신청할 수 있다. 등기와 관련하여 법원에 하는 신청은 부동산의 소재지를 관할하는 지방법원 등이다.　　▶정답 ⑤

2. 가등기에 관한 설명으로 옳은 것은?　　제33회

① 가등기명의인은 그 가등기의 말소를 단독으로 신청할 수 없다.

② 가등기의무자는 가등기명의인의 승낙을 받더라도 가등기의 말소를 단독으로 신청할 수 없다.

③ 가등기권리자는 가등기를 명하는 법원의 가처분명령이 있더라도 단독으로 가등기를 신청할 수 없다.

④ 하나의 가등기에 관하여 여러 사람의 가등기권자가 있는 경우, 그 중 일부의 가등기권자는 공유물보존행위에 준하여 가등기 전부에 관한 본등기를 신청할 수 없다.

⑤ 가등기목적물의 소유권이 가등기 후에 제3자에게 이전된 경우, 가등기에 의한 본등기신청의 등기의무자는 그 제3자이다.

해설 ④ 가포 자기지분. 그러므로 일부의 가등기권리자가 전원명의(= 가등기 전부)의 본등기를 신청할 수는 없으므로 옳은 지문이다.

①② 가등기의 단독신청은 가등기권리자만 가능하지만, 가등기의 말소를 단독신청하는 것은 가등기명의인은 물론 개나 소나 가능하다(개 = 가등기의무자, 소=등기상 이해관계인). 다만, 개나 소는 가등기명의인의 승낙서(또는 재판등본)을 첨부하여야 한다.

③ 가등기권리자는 '가등기의무자의 승낙서'나 '가등기가처분명령'이 있으면 가등기를 단독신청할 수 있다.

⑤ 가등기를 해준 자가 본등기를 해줘야 한다. 즉, 가등기의무자가 본등기의무자가 된다. 소유권이전이 있더라도 가등기 당시의 소유자가 본등기의무자가 된다.　　▶정답 ④

3. 토지에 대한 소유권이전청구권보전 가등기에 기하여 소유권이전의 본등기를 한 경우, 그 가등기 후 본등기 전에 마쳐진 등기 중 등기관의 직권말소 대상이 아닌 것은? 제33회

① 지상권설정등기
② 지역권설정등기
③ 저당권설정등기
④ 임차권설정등기
⑤ 해당 가등기상 권리를 목적으로 하는 가압류등기

해설 ⑤ 소유권이전청구권 보전의 가등기에 의해 소유권이전의 본등기를 한 경우 직권말소의 대상이 아닌 것 4가지는 자주 출제되는 중요부분이다.

> 1. 당해 가등기상의 권리를 목적으로 하는 가압류나 가처분등기
> 2. 가등기 전에 마쳐진 저당권 · 전세권 · 담보가등기에 의한 임의경매개시결정등기
> 3. 가등기 전에 마쳐진 가압류에 의한 강제경매개시결정등기
> 4. 가등기권자에게 대항할 수 있는 주택임차권등기, 주택임차권설정등기, 상가건물임차권등기, 상가건물임차권설정등기

▶ 정답 ⑤

4. X토지에 관하여 A등기청구권보전을 위한 가등기 이후, B – C의 순서로 각 등기가 적법하게 마쳐졌다. B등기가 직권말소의 대상인 것은? (A, B, C등기는 X를 목적으로 함) 제35회

	A		B		C
①	전세권설정	–	가압류등기	–	전세권설정본등기
②	임차권설정	–	저당권설정등기	–	임차권설정본등기
③	저당권설정	–	소유권이전등기	–	저당권설정본등기
④	소유권이전	–	저당권설정등기	–	소유권이전본등기
⑤	지상권설정	–	가압류등기	–	지상권설정본등기

해설 ④ 소유권이전청구권의 가등기 이후 본등기가 되면 중간처분의 등기 중 4개를 제외하고 직권말소된다.
①②⑤ 지상권, 전세권, 임차권설정의 가등기 이후 본등기가 되면 중간처분의 등기 중 지상권, 지역권, 전세권, 임차권의 등기가 직권말소된다.
③ 저당권설정의 가등기 이후 본등기가 되면 중간처분의 등기 중 직권말소되는 것은 없다.
그러므로 직권말소의 대상인 것은 ④뿐이다.

▶ 정답 ④

5. 가등기에 관한 설명으로 틀린 것은? 제34회

① 가등기로 보전하려는 등기청구권이 해제조건부인 경우에는 가등기를 할 수 없다.
② 소유권이전청구권 가등기는 주등기의 방식으로 한다.
③ 가등기는 가등기권리자와 가등기의무자가 공동으로 신청할 수 있다.
④ 가등기에 기한 본등기를 금지하는 취지의 가처분등기의 촉탁이 있는 경우, 등기관은 이를 각하하여야 한다.
⑤ 소유권이전청구권 가등기에 기하여 본등기를 하는 경우, 등기관은 그 가등기를 말소하는 표시를 하여야 한다.

해설 ⑤ 가등기에 기한 본등기를 하면 본등기의 순위는 가등기의 순위를 따르므로 가등기를 말소하지 아니한다.

▶ 정답 ⑤

6. 가등기에 관한 설명으로 옳은 것은? (다툼이 있으면 판례에 따름) 제35회

① 소유권이전등기청구권 보전을 위한 가등기에 기한 본등기가 경료된 경우, 본등기에 의한 물권변동의 효력은 가등기한 때로 소급하여 발생한다.

② 소유권이전등기청구권 보전을 위한 가등기가 마쳐진 부동산에 처분금지가처분등기가 된 후 본등기가 이루어진 경우, 그 본등기로 가처분채권자에게 대항할 수 있다.

③ 정지조건부의 지상권설정청구권을 보전하기 위해서는 가등기를 할 수 없다.

④ 가등기된 소유권이전등기청구권이 양도된 경우, 그 가등기상의 권리의 이전등기를 가등기에 대한 부기등기의 형식으로 경료할 수 없다.

⑤ 소유권이전등기청구권 보전을 위한 가등기가 있으면 소유권이전등기를 청구할 어떤 법률관계가 있다고 추정된다.

> **해설** ① 가등기에 의한 본등기를 하면 순위만 소급하고, 효력은 소급하지 않는다.
> ③ 기한과 조건 중 가등기할 수 있는 것은 시기부/정지조건부 청구권이다 : 시/정 가등기
> ④ 가등기상 권리의 이전등기는 채권의 이전이므로 부기등기로 한다(이전등기 중 주등기로 하는 것은 소유권이전뿐이다).
> ⑤ 가등기만으로는 아무런 효력도 없으므로 추정력도 인정되지 않는다. ▶정답 ②

6 촉탁에 의한 등기

1. 관공서의 촉탁

(1) 법률에 다른 규정이 없다면 촉탁에 의한 등기절차는 <u>신청절차를 준용</u>한다.

(2) **촉탁에 의한 등기절차의 특례**

① 촉탁에 의하지 아니하고 상대방과 <u>공동신청하여도 무방</u>하다.

② **방문신청의 경우에도 등기소에 출석할 필요가 없다**(우편송부 가능) : 출석 면제

③ **계약을 원인으로 하는 소유권이전등기의 경우에도 등기원인증명정보에 검인받을 필요가 없다** : 검인 면제

④ **등기필증을 제출할 필요가 없다**(관공서가 등기권리자이든, 등기의무자이든 모두 제출할 필요가 없다) : 필증 면제

⑤ **인감증명을 제출할 필요가 없다**(관공서가 제출할 경우에만 면제된다) : 인감 면제

⑥ 등기기록과 대장의 <u>부동산표시가 불일치</u>해도 <u>각하하지 않는다.</u>

⑦ 관공서가 등기권리자이면 – 등기의무자의 <u>승낙받아</u> 지체 없이 촉탁
관공서가 등기의무자이면 – 등기권리자의 <u>청구에 따라</u> 지체 없이 촉탁

⑧ 법 제96조(관공서가 등기명의인 등을 갈음하여 촉탁할 수 있는 등기) 관공서가 체납처분으로 인한 압류등기를 촉탁하는 경우에는 등기명의인 또는 상속인, 그 밖의 포괄승계인을 갈음하여 부동산의 표시, 등기명의인의 표시의 변경, 경정 또는 상속, 그 밖의 포괄승계로 인한 권리이전의 등기를 함께 촉탁할 수 있다.

2. 경 매

경매개시결정의 등기, 매각으로 인한 권리이전등기, 매수인이 인수하지 아니한 부담기입의 말소등기, 경매개시결정등기의 말소등기는 모두 법원의 촉탁으로 한다.

3. 가압류

금전채권의 보전목적. 법원의 촉탁으로 등기되며, 그 말소등기도 법원의 촉탁

4. 가처분

금전채권 이외의 청구권보전목적으로 법원의 촉탁으로 이루어지고, 그 말소도 법원의 촉탁으로 이루어지는 것이 원칙이나, 아래의 예외가 있다.

📌 가처분권자가 가처분에 의한 소유권의 이전이나 말소등기를 신청하는 경우

가처분 이후 제3자 명의의 등기 말소 ⇨	가처분에 의한 등기와 함께 단독신청 가능(말소 후 지체없이 통지)
그 가처분등기의 말소 ⇨	직권말소

📌 가처분채권자가 소유권이전등기 또는 소유권말소등기를 신청할 때 말소신청할 수 없는 등기

1. 가처분등기 전에 마쳐진 가압류에 의한 강제경매개시결정등기
2. 가처분등기 전에 마쳐진 담보가등기, 전세권 및 저당권에 의한 임의경매개시결정등기
3. 가처분채권자에게 대항할 수 있는 주택임차권등기 등

1. 관공서의 촉탁등기에 관한 설명으로 틀린 것은? 제32회

① 관공서가 경매로 인하여 소유권이전등기를 촉탁하는 경우, 등기기록과 대장상의 부동산의 표시가 부합하지 않은 때에는 그 등기촉탁을 수리할 수 없다.

② 관공서가 등기를 촉탁하는 경우 우편에 의한 등기촉탁도 할 수 있다.

③ 등기의무자인 관공서가 등기권리자의 청구에 의하여 등기를 촉탁하는 경우, 등기의무자의 권리에 관한 등기필정보를 제공할 필요가 없다.

④ 등기권리자인 관공서가 부동산 거래의 주체로서 등기를 촉탁할 수 있는 경우라도 등기의무자와 공동으로 등기를 신청할 수 있다.

⑤ 촉탁에 따른 등기절차는 법률에 다른 규정이 없는 경우에는 신청에 따른 등기에 관한 규정을 준용한다.

해설 ① 등기기록과 대장상의 부동산표시가 부합하지 않으면 각하사유이나, 관공서가 촉탁하는 경우에는 각하하지 아니한다. ▶정답 ①

2. 등기의 촉탁에 관한 설명으로 틀린 것은? 제35회

① 관공서가 상속재산에 대해 체납처분으로 인한 압류등기를 촉탁하는 경우, 상속인을 갈음하여 상속으로 인한 권리이전의 등기를 함께 촉탁할 수 없다.

② 법원의 촉탁으로 실행되어야 할 등기가 신청된 경우, 등기관은 그 등기신청을 각하해야 한다.

③ 법원은 수탁자 해임의 재판을 한 경우, 지체 없이 신탁 원부 기록의 변경등기를 등기소에 촉탁하여야 한다.

④ 관공서가 등기를 촉탁하는 경우 우편으로 그 촉탁서를 제출할 수 있다.

⑤ 촉탁에 따른 등기절차는 법률에 다른 규정이 없는 경우에는 신청에 따른 등기에 관한 규정을 준용한다.

해설 ① 관공서가 체납처분으로 인한 압류등기를 촉탁하는 경우에는 등기명의인 또는 상속인, 그 밖의 포괄승계인을 갈음하여 부동산의 표시, 등기명의인의 표시의 변경, 경정 또는 상속, 그 밖의 포괄승계로 인한 권리이전의 등기를 함께 촉탁할 수 있다. ▶정답 ①

7 이의신청

의 의	등기관의 부당한 결정 또는 처분으로 인한 불이익의 구제제도 법원의 부담경감목적이 있으므로 이의신청 가능할 때는 소송할 수 없다.
절차와 효력	① 이의신청의 제기 : 관할 지방법원 ② 이의신청서 또는 이의신청정보의 제출 : 당해 등기소(법원의 부담경감목적) ③ 기간 : 제한없다. 이의의 이익이 있는 한 언제라도 ④ 새로운 사실이나 증거방법으로 이의제기할 수 없다. ⑤ 이의는 집행정지의 효력이 없다. 그러므로, 법원은 이의에 대하여 결정하기 전에 가등기명령 또는 부기등기명령을 할 수 있다.
이의신청자	① 각하결정에 대한 이의 : 등기신청인 가능, 제3자 불가능 ② 등기실행에 대한 이의 : 등기신청인 가능, 제3자도 가능 (제3자는 절대무효사유인 제29조 제1호, 제2호 위반등기일 때 이의신청 가능)
조 치	① 각하결정에 대한 조치 　㉠ 이유 없으면 : 3일 내 의견을 붙인 이의신청서 또는 이의신청정보를 법원에 송부 　㉡ 이유 있으면 : 등기실행 ② 등기실행에 대한 조치 　㉠ 이유 없으면 : 3일 내 의견을 붙인 이의신청서 또는 이의신청정코를 법원에 송부 　㉡ 이유 있으면 : ┌ 제29조 제1호, 제2호 위반(절대무효) : 직권말소 　　　　　　　　　└ 나머지 위반(실체관계 부합하면 유효) : 이의신청서 법원에 송부
법원 결정	이의신청인은 항고나 재항고로 불복할 수 있으나, 등기관은 불복할 수 없다.

확인문제

등기관의 처분에 대한 이의신청에 관한 설명으로 틀린 것은?　　　　제34회

① 등기신청인이 아닌 제3자는 등기신청의 각하결정에 대하여 이의신청을 할 수 없다.
② 이의신청은 대법원규칙으로 정하는 바에 따라 관할 지방법원에 이의신청서를 제출하는 방법으로 한다.
③ 이의신청기간에는 제한이 없으므로 이의의 이익이 있는 한 언제라도 이의신청을 할 수 있다.
④ 등기관의 처분시에 주장하거나 제출하지 아니한 새로운 사실을 근거로 이의신청을 할 수 없다.
⑤ 등기관의 처분에 대한 이의신청이 있더라도 그 부동산에 대한 다른 등기신청은 수리된다.

해설 ② 이의신청은 관할 지방법원에 할 수 있으나, 이의신청서는 등기소에 제출한다.　　▶정답 ②

부 록

제36회 기출문제

01 공간정보의 구축 및 관리 등에 관한 법령상 지적측량을 실시하여야 하는 경우로 틀린 것은?

① 토지의 합병에 따라 지적공부를 정리하는 경우
② 지적측량수행자가 실시한 지적측량성과를 검사하는 경우
③ 등록전환을 하는 경우로서 측량을 할 필요가 있는 경우
④ 신규등록을 하는 경우로서 측량을 할 필요가 있는 경우
⑤ 「지적재조사에 관한 특별법」에 따른 지적재조사사업에 따라 토지의 이동이 있는 경우로서 측량을 할 필요가 있는 경우

02 공간정보의 구축 및 관리 등에 관한 법령상 영구적 건축물 중 박물관, 미술관 등 문화시설과 이에 접속된 정원의 부지에 관한 지목의 구분으로 옳은 것은? (단, 다른 조건은 고려하지 않음)

① 대   ② 공원
③ 사적지   ④ 유원지
⑤ 학교용지

03 공간정보의 구축 및 관리 등에 관한 법령상 부동산종합공부의 관리 및 운영 등에 관한 설명으로 틀린 것은?

① 지적소관청은 부동산종합공부에 토지적성평가 확인서의 내용을 등록하여야 한다.
② 지적소관청은 부동산종합공부의 멸실 또는 훼손에 대비하여 이를 별도로 복제하여 관리하는 정보관리체계를 구축하여야 한다.
③ 부동산종합공부의 등록사항을 관리하는 기관의 장은 지적소관청에 상시적으로 관련 정보를 제공하여야 한다.
④ 지적소관청은 부동산의 효율적 이용과 부동산과 관련된 정보의 종합적 관리·운영을 위하여 부동산종합공부를 관리·운영한다.
⑤ 부동산종합공부 기록사항의 전부 또는 일부에 관한 증명서를 발급받으려는 자는 지적소관청이나 읍·면·동의 장에게 신청할 수 있다.

04 공간정보의 구축 및 관리 등에 관한 법령상 지적도의 축척이 600분의 1인 지역에서 신규등록할 1필지의 측정 면적이 928.651m²인 경우 토지대장에 등록할 면적은? (단, 다른 조건은 고려하지 않음)

① 928m²
② 928.6m²
③ 928.65m²
④ 928.7m²
⑤ 929m²

05 공간정보의 구축 및 관리 등에 관한 법령상 토지개발사업 등의 시행자가 그 사업의 착수·변경 및 완료 사실을 지적소관청에 신고하여야 한다. 이에 해당하는 사업으로 틀린 것은?

① 「지적재조사에 관한 특별법」에 따른 지적재조사사업
② 「철도의 건설 및 철도시설 유지관리에 관한 법률」에 따른 고속철도, 일반철도 및 광역철도 건설사업
③ 「도로법」에 따른 고속국도 및 일반국도 건설사업
④ 「항만법」에 따른 항만개발사업
⑤ 「관광진흥법」에 따른 관광단지 개발사업

06 공간정보의 구축 및 관리 등에 관한 법령상 연속지적도의 관리 등에 관한 설명으로 옳은 것은?

① 지적소관청은 연속지적도의 관리 및 정비에 관한 정책을 수립·시행하여야 한다.
② 지적소관청은 지적도·임야도에 등록된 사항에 대하여 토지의 이동 또는 오류사항을 정비한 때에는 이를 연속 지적도에 반영하여야 한다.
③ 시·도지사는 지적소관청의 연속지적도 정비에 필요한 경비의 전부 또는 일부를 지원하여야 한다.
④ 시·도지사는 연속지적도를 체계적으로 관리하기 위하여 연속지적도 정보관리체계를 구축·운영하여야 한다.
⑤ 시·도지사는 연속지적도 정보관리체계의 구축·운영에 관한 업무를 한국국토정보공사에 위탁하여야 한다.

07 공간정보의 구축 및 관리 등에 관한 법령상 축척변경에 관한 설명으로 **틀린** 것은? (단, 축척변경 시행공고지역으로 한정함)

① 축척변경에 관한 사항을 심의·의결하기 위하여 지적소관청에 축척변경위원회를 둔다.

② 축척변경위원회의 위원장은 위원 중에서 지적소관청이 지명한다.

③ 지적소관청은 청산금의 결정을 공고한 날부터 20일 이내에 토지소유자에게 청산금의 납부고지 또는 수령통지를 하여야 한다.

④ 지적소관청은 청산금의 납부 및 지급이 완료되었을 때에는 지체 없이 청산금 조서를 작성하여야 한다.

⑤ 지적소관청은 축척변경에 관한 측량을 완료하였을 때에는 시행공고일 현재의 지적공부상의 면적과 측량 후의 면적을 비교하여 그 변동사항을 표시한 축척변경 지번별 조서를 작성하여야 한다.

08 공간정보의 구축 및 관리 등에 관한 법령상 지상경계의 구분 등에 관한 설명으로 **틀린** 것은?

① 지적소관청은 토지의 이동에 따라 지상경계를 새로 정한 경우에는 지상경계점등록부를 작성·관리하여야 한다.

② 경계점 좌표는 경계점좌표등록부 시행지역의 지상경계점등록부의 등록사항이다.

③ 관계 법령에 따라 인가·허가 등을 받아 토지를 분할하려는 경우에는 지상 경계점에 경계점표지를 설치하여 측량할 수 있다.

④ 경계점 위치 설명도, 경계점표지의 종류 및 경계점 위치는 지상경계점등록부의 등록사항이다.

⑤ 지적확정측량의 경계는 사업계획도대로 결정하되, 공사가 완료된 현황이 사업계획도와 다를 때에는 미리 지적측량수행자에게 그 사실을 통지하여야 한다.

09 공간정보의 구축 및 관리 등에 관한 법령상 지적측량의 적부심사 등에 관한 설명이다. ( )에 들어갈 내용으로 옳은 것은?

> • (㉠)(으)로부터 지적측량 적부심사청구를 회부받은 지방지적위원회는 그 심사청구를 회부 받은 날부터 (㉡) 이내에 심의·의결하여야 한다. 다만, 부득이한 경우에는 그 심의기간을 해당 지적위원회의 의결을 거쳐 30일 이내에서 한 번만 연장할 수 있다.
> • (㉢)은(는) 지방지적위원회의 의결서를 받은 날부터 (㉣) 이내에 지적측량 적부심사 청구인 및 이해관계인에게 그 의결서를 통지하여야 한다.

① ㉠: 시·도지사, ㉡: 60일, ㉢: 시·도지사, ㉣: 15일
② ㉠: 시·도지사, ㉡: 90일, ㉢: 지적소관청, ㉣: 15일
③ ㉠: 시·도지사, ㉡: 60일, ㉢: 시·도지사, ㉣: 7일
④ ㉠: 지적소관청, ㉡: 60일, ㉢: 지적소관청, ㉣: 7일
⑤ ㉠: 지적소관청, ㉡: 90일, ㉢: 시·도지사, ㉣: 15일

10 공간정보의 구축 및 관리 등에 관한 법령상 토지대장과 공유지연명부의 공통 등록사항을 모두 고른 것은?

> ㉠ 지번
> ㉡ 토지의 이동사유
> ㉢ 토지의 고유번호
> ㉣ 소유자의 성명 또는 명칭, 주소 및 주민등록번호(국가, 지방자치단체, 법인, 법인 아닌 사단이나 재단 및 외국인의 경우에는 「부동산등기법」 제49조에 따라 부여된 등록번호)

① ㉠, ㉢
② ㉠, ㉡, ㉣
③ ㉠, ㉢, ㉣
④ ㉡, ㉢, ㉣
⑤ ㉠, ㉡, ㉢, ㉣

11 공간정보의 구축 및 관리 등에 관한 법령상 지적소관청이 지적공부의 등록사항에 잘못이 있는지를 직권으로 조사·측량하여 정정할 수 있는 경우를 모두 고른 것은?

> ㉠ 토지이동정리 결의서의 내용과 다르게 정리된 경우
> ㉡ 지적도 및 임야도에 등록된 필지가 면적의 증감 없이 경계의 위치만 잘못된 경우
> ㉢ 지적공부의 등록사항이 잘못 입력된 경우
> ㉣ 지적공부의 작성 또는 재작성 당시 잘못 정리된 경우
> ㉤ 지적측량성과와 다르게 정리된 경우

① ㉠, ㉡, ㉢
② ㉠, ㉡, ㉣, ㉤
③ ㉠, ㉢, ㉣, ㉤
④ ㉡, ㉢, ㉣, ㉤
⑤ ㉠, ㉡, ㉢, ㉣, ㉤

12 공간정보의 구축 및 관리 등에 관한 법령상 지적위원회 등에 관한 설명으로 옳은 것은?

① 지적측량성과에 대하여 다툼이 있는 경우 토지소유자, 이해관계인 또는 지적측량수행자는 관할 시·도지사를 거쳐 중앙지적위원회에 지적측량 적부심사를 청구할 수 있다.
② 중앙지적위원회는 지적재조사 기본계획의 수립 및 변경에 관한 사항을 심의·의결한다.
③ 중앙지적위원회의 위원장이 회의를 소집할 때에는 회의 일시·장소 및 심의 안건을 회의 7일 전까지 각 위원에게 서면으로 통지하여야 한다.
④ 중앙지적위원회가 현지조사를 위해 필요할 때에는 지적측량수행자에게 그 소속 측량기술자 중 지적기술자를 참여시키도록 요청할 수 있다.
⑤ 중앙지적위원회로부터 의결서를 받은 국토교통부장관은 그 의결서를 지적소관청에 송부하여야 한다.

13 등기권리자와 등기의무자가 등기를 공동으로 신청해야 하는 경우는?

① 특정유증에 따른 등기
② 이행판결에 의한 등기
③ 부동산표시의 변경등기
④ 소유권보존등기의 말소등기
⑤ 신탁재산에 속하는 부동산의 신탁등기

14 합필의 등기를 할 수 있는 경우를 모두 고른 것은? (단, 토지소유자가 지적소관청에 토지합병을 신청할 당시부터 아래의 등기가 존재함)

> ㉠ 합필하려는 토지에 지상권의 등기가 있는 경우
> ㉡ 합필하려는 토지의 소유자별 공유지분이 다른 경우
> ㉢ 합필하려는 토지에 가등기담보권의 등기가 있는 경우
> ㉣ 합필하려는 토지에 승역지에 하는 지역권의 등기가 있는 경우
> ㉤ 합필하려는 모든 토지에 등기원인 및 그 연월일과 접수번호가 동일한 저당권의 등기가 있는 경우

① ㉠, ㉡   ② ㉢, ㉤
③ ㉠, ㉡, ㉢   ④ ㉠, ㉣, ㉤
⑤ ㉡, ㉢, ㉣, ㉤

15 부동산등기를 신청하는 경우에 등기소에 제공하여야 할 신청정보 및 첨부정보에 관한 설명으로 옳은 것은? (다툼이 있으면 판례에 따름)

① 「민법」상 사단법인이 부동산취득에 따른 소유권이전등기를 신청하는 경우에는 주무관청의 허가증명 서면을 첨부해야 한다.
② 학교법인의 기본재산인 부동산에 관한 처분에 따른 등기신청에는 관할청의 허가를 증명하는 서면을 첨부할 필요가 없다.
③ 공동신청 또는 승소한 등기권리자의 단독신청에 의하여 권리에 관한 등기를 신청하는 경우에는 등기필정보를 제공해야 한다.
④ 농지를 매수한 자가 농지에 관하여 소유권이전등기를 마쳤더라도 농지취득자격증명을 발급받지 못하였다면 그 소유권을 취득하지 못한다.
⑤ 토지에 관한 매매계약 체결 후 토지거래허가구역으로 지정된 경우에도 관할청의 토지거래허가서를 첨부하지 않으면 소유권이전등기를 마칠 수 없다.

16 등기의 신청에 관한 설명으로 **틀린** 것은?

① 공동상속인 중 일부는 자신의 상속지분만에 대한 상속등기를 신청할 수 없다.

②「민법」상 조합재산에 속하는 부동산의 등기는 그 조합의 명의로 조합원이 신청할 수 있다.

③ 등기원인이 발생한 후에 등기권리자에 대하여 상속이 있는 경우, 상속인이 그 등기를 신청할 수 있다.

④ 건물 또는 토지의 소유권을 포기한 경우, 그 소유권을 포기한 자는 단독으로 그에 따른 등기를 신청할 수 없다.

⑤ 전세권의 범위를 10층 북쪽 201m²에서 3층 동쪽 485m²로 변경하는 경우, 전세권변경등기가 아니라 별개의 전세권 설정등기를 신청해야 한다.

17 주등기의 방식으로 하는 등기는?

① 환매특약의 등기

② 지상권의 이전등기

③ 공유물 분할금지의 약정등기

④ 전세권을 목적으로 하는 저당권의 이전등기

⑤ 등기의 전부가 말소된 경우 그 전부에 대한 회복등기

18 소유권에 관한 등기에 대한 설명으로 옳은 것을 모두 고른 것은?

> ㉠ 소유권보존등기에는 등기원인과 그 연월일을 기록한다.
> ㉡ 공유물분할금지 약정의 변경등기는 공유자 전원이 공동으로 신청하여야 한다.
> ㉢ 시장의 확인에 의하여 미등기 토지의 소유자임을 증명하는 자는 소유권보존등기를 신청할 수 있다.
> ㉣ 등기관이 미등기 토지에 관해 법원의 촉탁으로 경매개시결정 등기를 할 때에는 직권으로 소유권보존등기를 한다.

① ㉣

② ㉠, ㉢

③ ㉡, ㉣

④ ㉠, ㉡, ㉢

⑤ ㉠, ㉡, ㉢, ㉣

19 등기관이 승역지의 등기기록에 지역권설정의 등기를 할 때 기록하여야 할 사항이 아닌 것은?

① 범위
② 요역지
③ 지역권자
④ 지역권설정의 목적
⑤ 등기원인 및 그 연월일

20 임차권등기에 관한 설명으로 **틀린** 것은?

① 공유지분에 대한 임차권을 등기할 수 있다.
② 지하공간에 상하의 범위를 정하여 하는 구분임차권등기는 허용되지 않는다.
③ 상가건물 임차권등기명령은 임대인에게 그 결정이 송달된 때에 효력이 생긴다.
④ 임차인이 「주택임대차보호법」상 우선변제권을 갖추고 임대인의 협력을 얻어 임대차등기를 신청하는 경우에는 신청서에 임차주택을 점유한 날을 기재하여야 한다.
⑤ 임차인이 「상가건물임대차보호법」상 대항력을 갖추고 임대인의 협력을 얻어 임대차등기를 신청하는 경우에는 신청서에 사업자등록을 신청한 날을 기재하여야 한다.

21 부동산등기의 신청에 관한 설명으로 **틀린** 것은?

① 법인 아닌 사단이나 재단은 전자신청을 할 수 없다.
② 공유자 중 1인은 자기 지분만의 소유권이전등기를 신청할 수 없다.
③ 공유지분을 목적으로 하는 지상권설정등기를 공동으로 신청할 수 없다.
④ 외국인은 외국인등록을 하였거나 국내거소신고를 한 경우에 전자신청을 할 수 있다.
⑤ 소유권의 등기명의인인 지방자치단체가 등기의무자로서 등기를 방문신청하는 경우, 인감증명을 제출할 필요가 없다.

22 부동산등기법상 신탁등기에 관한 설명으로 **틀린** 것은?

① 수탁자가 여러 명인 경우, 등기관은 신탁재산이 공유인 뜻을 기록하여야 한다.

② 신탁원부에 신탁관리인의 성명 및 주소를 기록하는 경우, 수익자의 성명 및 주소를 기재하지 않을 수 있다.

③ 수탁자가 동일한 여러 개의 신탁을 합병하는 경우, 수탁자는 단독으로 신탁부동산에 관한 권리변경등기를 신청할 수 있다.

④ 위탁자와 수익자의 합의로 수탁자를 해임한 경우, 신수탁자는 단독으로 신탁부동산에 관한 권리이전등기를 신청할 수 있다.

⑤ 등기관이 수탁자의 변경으로 인한 신탁부동산의 이전등기를 하는 경우, 직권으로 그 부동산에 관한 신탁원부 기록의 변경등기를 하여야 한다.

23 1필의 토지 전부에 대한 지상권설정등기청구권보전 가등기에 의해 지상권설정의 본등기가 행해진 경우, 가등기 후 본등기 전에 마쳐진 등기로서 직권말소의 대상이 되는 것은?

① 저당권설정등기

② 토지임차권설정등기

③ 체납처분으로 인한 압류등기

④ 가압류 및 가처분 등 처분제한의 등기

⑤ 소유권이전등기 및 소유권이전등기청구권보전 가등기

24 등기신청의 각하결정에 대한 이의신청에 따라 관할 지방법원이 그 등기의 기록명령을 하였더라도 그 기록명령에 따른 등기를 할 수 없는 경우를 모두 고른 것은?

> ㉠ 지상권말소등기의 기록명령이 있었으나, 그 기록명령에 따른 등기 전에 지상권을 목적으로 한 저당권이 성립한 경우
>
> ㉡ 소유권이전등기의 기록명령이 있었으나, 그 기록명령에 따른 등기 전에 제3자 명의로 소유권이전등기가 되어 있는 경우
>
> ㉢ 임차권설정등기의 기록명령이 있었으나, 그 기록명령에 따른 등기 전에 동일한 부분에 임차권설정등기가 되어 있는 경우
>
> ㉣ 등기관이 기록명령에 따른 등기를 하기 위하여 신청인에게 첨부정보를 다시 등기소에 제공할 것을 명령하였으나, 신청인이 이에 응하지 아니한 경우

① ㉠

② ㉡, ㉢

③ ㉢, ㉣

④ ㉠, ㉡, ㉣

⑤ ㉠, ㉡, ㉢, ㉣

제37회 공인중개사 시험대비 **전면개정**

2026 박문각 공인중개사
양진영 필수서 **2차** 부동산공시법령

초판인쇄 | 2025. 12. 5.　**초판발행** | 2025. 12. 10.　**편저** | 양진영 편저

발행인 | 박 용　**발행처** | (주)박문각출판　**등록** | 2015년 4월 29일 제2019-000137호

주소 | 06654 서울시 서초구 효령로 283 서경빌딩 4층　**팩스** | (02)584-2927

전화 | 교재 주문 (02)6466-7202, 동영상문의 (02)6466-7201

저자와의
협의하에
인지생략

정가 22,000원
ISBN 979-11-7519-504-2